I0567193

DISCLAIMER

The author and publisher are providing this book and its contents on an "as is" basis and make no representations or warranties of any kind with respect to this book or its contents. The author and publisher disclaim all such representations and warranties, including but not limited to warranties of merchantability. In addition, the author and publisher do not represent or warrant that the information accessible via this book is accurate, complete, or current.

Except as specifically stated in this book, neither the author nor publisher, nor any authors, contributors, or other representatives will be liable for damages arising out of or in connection with the use of this book. This is a comprehensive limitation of liability that applies to all damages of any kind, including (without limitation) compensatory; direct, indirect, or consequential damages; loss of data, income, or profit; loss of or damage to property; and claims of third parties.

This Book Comes With Free Bonus Puzzles
Available Here:

BestActivityBooks.com/WSBONUS20

5 TIPS TO START!

1) HOW TO SOLVE

The Puzzles are in a Classic Format:

- Words are hidden without breaks (no spaces, dashes, ...)
- Orientation: Forward & Backward, Up & Down or
  in Diagonal (can be in both directions)
- Words can overlap or cross each other

2) ACTIVE LEARNING

To encourage learning actively, a space is provided next to each word to write down the translation. The **DICTIONARY** allows you to verify and expand your knowledge. You can look up and write down each translation, find the words in the Puzzle then add them to your vocabulary!

3) TAG YOUR WORDS

Have you tried using a tag system? For example, you could mark the words which have been difficult to find with a cross, the ones you loved with a star, new words with a triangle, rare words with a diamond and so on...

4) ORGANIZE YOUR LEARNING

We also offer a convenient **NOTEBOOK** at the end of this edition. Whether on vacation, travelling or at home, you can easily organize your new knowledge without needing a second notebook!

5) FINISHED?

Go to the bonus section: **MONSTER CHALLENGE** to find a free game offered at the end of this edition!

Want more fun and learning activities? It's **Fast and Simple!**
An entire Game Book Collection just **one click away!**

Find your next challenge at:

BestActivityBooks.com/MyNextWordSearch

Ready, Set... Go!

Did you know there are around 7,000 different languages in the world? Words are precious.

We love languages and have been working hard to make the highest quality books for you. Our ingredients?

A selection of indispensable learning themes, three big slices of fun, then we add a spoonful of difficult words and a pinch of rare ones. We serve them up with care and a maximum of delight so you can solve the best word games and have fun learning!

Your feedback is essential. You can be an active participant in the success of this book by leaving us a review. Tell us what you liked most in this edition!

Here is a short link which will take you to your order page.

BestBooksActivity.com/Review50

Thanks for your help and enjoy the Game!

Linguas Classics Team

1 - Antiques

```
E  L  E  G  A  N  T  I  Š  K  A  S  A  R
D  E  K  O  R  A  T  Y  V  I  N  I  S  E
N  E  Į  P  R  A  S  T  A  S  F  Y  P  S
P  A  P  U  O  Š  A  L  A  I  D  G  A  T
M  O  N  E  T  O  S  V  E  R  T  Ė  U  A
A  U  U  H  N  D  C  Z  Y  Y  I  G  T  U
I  N  V  E  S  T  I  C  I  J  A  A  E  R
A  K  V  K  O  K  Y  B  Ė  B  P  L  N  A
D  M  A  R  Ū  T  P  L  U  K  S  E  T  V
L  E  V  I  T  O  U  D  R  A  P  R  I  I
A  N  S  A  N  O  I  C  K  U  A  I  Š  M
B  A  M  F  A  A  Q  I  Y  V  Y  J  K  A
D  S  A  M  Ž  I  U  S  M  I  L  A  A  S
E  S  E  N  A  S  U  I  L  I  T  S  S  Q
```

MENAS	PAPUOŠALAI
AUKCIONAS	SENAS
AUTENTIŠKAS	KAINA
AMŽIUS	KOKYBĖ
MONETOS	RESTAURAVIMAS
DEKORATYVINIS	SKULPTŪRA
ELEGANTIŠKAS	STILIUS
BALDAI	PARDUOTI
GALERIJA	NEĮPRASTAS
INVESTICIJA	VERTĖ

2 - Food #1

```
P C T U N A S A S M M B B C
I I I T I E M D U O I A R U
Y A E T C C H C L R E Z A K
G T C N R Č Z I T K Ž I Š R
H A I P A I E F Y A I L K U
R N N L B S N S S N A I I S
D I A O U A B A N C I K Ų H
S P M R I N K S M A L A P L
A Š O O R Ū P O Z L K S B P
L F N P S G Y K E F I A P Z
O L A Ė O O T I D Y M T I J
T Y S Y R V O R N U U L K T
O K L K U S I B D R U S K A
S K M L Ė Š U A I R K T E Y
```

ABRIKOSAS
MIEŽIAI
BAZILIKAS
MORKA
CINAMONAS
ČESNAKAI
SULTYS
CITRINA
PIENAS
SVOGŪNAS

KRIAUŠĖ
SALOTOS
DRUSKA
SRIUBA
ŠPINATAI
BRAŠKIŲ
CUKRUS
TUNAS
ROPĖ

3 - Measurements

```
S H M T E D D P S Z Z V V A
A V S I T Š K U A J I C N U
R S O Z N Z F B R O Q D B L
T Q D R R U C Y T G C B A A
E G N O I B T K I U Q K I I
M K V I F S A Ė L H C I T P
D E Š I M T A I N I S L A S
F S M R I Q R F U H A O S N
N A G K L Y M Y G C M M P I
M A S Ė G G G S E T O E L S
K N R E I B Z D F R T T O M
Z U E Z S K R Q G M G R T Q
C E N T I M E T R A S A I U
C O L I S U G Y L I S S S O
```

BAITAS
CENTIMETRAS
DEŠIMTAINIS
LAIPSNIS
GYLIS
AUKŠTIS
COLIS
KILOMETRAS
ILGIS

LITRAS
MASĖ
METRAS
MINUTĖ
UNCIJA
TOMAS
SVORIS
PLOTIS

4 - Farm #2

```
P  Q  Z  I  L  K  J  R  G  A  U  A  O  Ū
L  I  V  H  H  O  U  M  E  I  P  N  A  K
Y  N  E  Ė  Z  K  Y  K  S  F  I  T  V  I
V  Y  T  V  A  K  I  N  U  Y  A  I  I  N
P  R  F  O  A  H  A  P  I  R  N  S  S  I
M  I  E  Ž  I  A  I  I  S  N  Ū  B  K  N
B  T  K  R  L  V  Č  E  I  V  V  Z  H  K
R  G  Q  A  O  M  E  N  A  C  Y  Z  Ų  A
R  U  S  D  O  S  I  A  V  J  G  T  B  S
L  A  P  K  B  M  V  S  A  K  U  I  R  Ė
S  A  M  I  N  I  K  Ė  R  D  H  E  F  V
H  Z  M  T  R  A  K  T  O  R  I  U  S  H
R  J  S  A  T  S  I  A  M  M  U  O  S  R
K  L  Ė  T  I  S  A  D  O  S  U  K  M  R
```

GYVŪNAI
MIEŽIAI
KLĖTIS
KUKURŪZŲ
ANTIS
ŪKININKAS
MAISTAS
VAISIUS
DRĖKINIMAS
ĖRIUKAS

LAMA
PIEVA
PIENAS
SODAS
AVIS
PIEMUO
AUGTI
TRAKTORIUS
DARŽOVĖ
KVIEČIAI

5 - Books

```
R V T O H H A J I R O T S I
V V B J P S U I R O T U A S
G N S Z B C F M U S F V H T
A K Š I G A R T O L G J S O
J A K T U A L U S R I G A R
I Š R A D I N G A S O B T I
C Z S A J O T Y T I A K S N
K C A S J P Q U F P R G K I
E B P G J I P Q U A O Y E S
L O E Q Q S Z M O L M G T J
O I C N N B P E N S A F N P
K O M S I K Y T O U N Z O D
D I K T O R I U S P A J K H
E I L Ė R A Š T I S S N B C
```

NUOTYKIS   ROMANAS
AUTORIUS   PUSLAPIS
KOLEKCIJA   EILĖRAŠTIS
KONTEKSTAS   POEZIJA
EPAS   SKAITYTOJAS
ISTORINIS   AKTUALUS
HUMORO   ISTORIJA
IŠRADINGAS   TRAGIŠKA
DIKTORIUS

6 - Meditation

```
M  S  P  R  O  T  A  S  M  H  F  E  P  P
A  U  A  I  Š  K  U  M  A  S  Y  B  R  S
P  M  Z  O  E  M  O  C  I  J  O  S  I  I
K  A  P  I  K  K  Į  M  E  Y  J  A  Ė  C
V  R  E  S  K  V  H  P  E  B  Z  M  M  H
Ė  G  R  E  A  A  G  N  R  G  D  U  I  I
P  E  S  M  T  A  I  K  A  O  F  G  M  K
A  R  P  Ė  U  P  Z  K  L  Y  Č  N  A  O
V  U  E  D  A  M  A  Y  Y  F  G  I  S  S
I  M  K  O  J  I  T  B  T  I  R  K  A  R
M  A  T  H  O  N  M  D  U  V  A  Ė  J  I
A  S  Y  S  U  T  A  I  E  D  Q  D  B  B
S  M  V  F  Ž  Y  G  R  A  Z  Ę  G  Z  Y
A  S  A  P  U  S  T  Q  T  I  V  S  L  C
```

PRIĖMIMAS
DĖMESIO
PABUDĘS
KVĖPAVIMAS
RAMUS
AIŠKUMAS
UŽUOJAUTA
EMOCIJOS
DĖKINGUMAS
ĮPROČIAI

GERUMAS
PSICHIKOS
PROTAS
MUZIKA
GAMTA
TAIKA
PERSPEKTYVA
TYLA
MINTYS

7 - Days and Months

```
I  P  P  K  G  O  Y  S  H  C  R  Š  C  T
S  I  E  P  F  E  L  I  R  F  U  E  S  R
E  R  N  D  D  E  G  S  O  O  G  Š  I  E
K  M  K  K  N  S  I  U  N  U  P  T  N  Č
M  A  T  J  A  I  A  A  Ž  N  J  A  E  I
A  D  A  L  C  L  T  S  F  Ė  Ū  D  I  A
D  I  D  A  M  A  E  S  B  M  T  I  D  D
I  E  I  P  S  P  M  N  I  I  I  E  A  I
E  N  E  K  A  S  Z  I  D  R  S  N  R  E
N  I  N  R  V  D  V  F  Y  O  A  I  T  N
I  S  I  I  A  L  I  E  P  A  R  S  N  I
S  Y  S  T  I  K  O  V  A  S  F  I  A  S
F  D  N  I  T  R  U  G  S  Ė  J  O  U  V
K  A  U  S  Ė  B  A  L  A  N  D  I  S  S
```

BALANDIS	MĖNUO
RUGPJŪTIS	LAPKRITIS
KALENDORIUS	SPALIS
VASARIS	ŠEŠTADIENIS
PENKTADIENIS	RUGSĖJO
SAUSIS	SEKMADIENIS
LIEPA	ANTRADIENIS
KOVAS	TREČIADIENIS
GEGUŽĖ	SAVAITĖ
PIRMADIENIS	METAI

8 - Energy

```
K E L E K T R O N A S A T E
Y U V A R I K L I S A T A L
L D R Y V V M H G Q N N R E
M C F A N I B R U T G A Š K
Q O T A S U Z E F F L U A T
D E N T R O P I J A I J J R
B Y J L O M I F A R S I I I
G E Z U V K E U K F N N R N
A V N E F O T O N A S A E I
R Ė P Z L L L I I M I N T S
A J V Q I I Y U L U V T A A
I A R J O N N G P L N I B C
T S T J N Y A A A I V S J C
N M Q C O F I S S Š I G M E
```

BATERIJA	ŠILUMA
ANGLIS	VARIKLIS
DYZELINAS	FOTONAS
ELEKTRINIS	TARŠA
ELEKTRONAS	ATNAUJINANTIS
ENTROPIJA	GARAI
APLINKA	TURBINA
KURAS	VĖJAS
BENZINAS	

9 - Archeology

```
F R A G M E N T A I A I I V
K O M A N D A K M Y P Š H E
P Š V E N T Y K L A T K G R
L A E S I N O U K I L A P T
N Y M K A N A L I Z Ė S D I
S D J I S Ė V O N E S T C N
I E R A R P J B Y Y Q I J I
T C E S O Š E A K I T N A M
P Y U G P R T R O C N I R A
A V R E K D M I T S Q O I S
L C H Ė N Z K S I A L U A K
S B Q I J P E S N P S H G L
A I A E I A T K I A D I L J
P A P G Z L S A T K I L E R
```

ANALIZĖ	IŠKASTINIO
SENOVĖS	FRAGMENTAI
ANTIKA	PASLAPTIS
KAULAI	DAIKTAI
PALIKUONIS	RELIKTAS
ERA	TYRĖJAS
VERTINIMAS	KOMANDA
EKSPERTAS	ŠVENTYKLA
PAMIRŠTI	KAPAS

10 - Food #2

```
K I A U Š I N I S B Š A R J
S C K G R Y B A S A O R G O
I A I Ž Y R I T A K K T A G
V H L S S H I Š R L O I I U
U B K I K R H I O A L Š B R
Ž E V R E D Q V D Ž A O A T
K O U Ū H R G S I A D K N A
O V R S U H A P M N A A A S
Z B I O I F L S O A S S N N
V P U E Y J C K P S Z G A O
Q F T O Č V Y N U O G Ė S L
C Z A C L I V Y Š N I A S N
I U E R R I A I L O K O R B
K U M P I S Ų I N J K I V I
```

OBUOLIŲ
ARTIŠOKAS
BANANAS
BROKOLIAI
SALIERAS
SŪRIS
VYŠNIA
VIŠTA
ŠOKOLADAS
KIAUŠINIS

BAKLAŽANAS
ŽUVIS
VYNUOGĖ
KUMPIS
KIVI
GRYBAS
RYŽIAI
POMIDORAS
KVIEČIAI
JOGURTAS

11 - Chemistry

```
M E T A L A I H A J R V Q Q
Y J S I N I L O U D N A R B
D E G U O N I S B E I N T E
M O L E K U L Ė M J N D F L
T E M P E R A T Ū R A E S E
O R G A N I N I S M H N Š K
Š S V O R I S D Y R J I I T
D A S A T N E M R E F L L R
S U R J O N A S Q U S I U O
L K J M H M G D G B S S M N
I N L O I A N G L I S K A A
F J I C S N B I Q K A F A S
V B B T E P I S K Y S T I S
C H L O R A S S I T Š G Ū R
```

RŪGŠTIS
ŠARMINIS
ANGLIS
CHLORAS
ELEKTRONAS
FERMENTAS
DUJOS
ŠILUMA
VANDENILIS
JONAS

SKYSTIS
METALAI
MOLEKULĖ
BRANDUOLINIS
ORGANINIS
DEGUONIS
DRUSKA
TEMPERATŪRA
SVORIS

12 - Music

```
P D A I N I N I N K A S O J
Q O E K L E K T I Š K A S J
A A E J L H A R M O N I J A
H B D T S Y K D J B D E U E
A Į A M I H R M S A R O H C
R R I E N N M I A J O R C A
M A N L I B I I N D P I C N
O Š U O K L P S O Ė E T V B
N Y O D I J V A F T R M O A
I M T I Z O Y M O S A I K L
N A I J U E Y U R T A N A A
I S V A M O Z B K O I I L D
S R I T M A S L I S A S A Ė
P P T S P S A A M I J K S C
```

ALBUMAS
BALADĖ
CHORAS
EKLEKTIŠKAS
HARMONINIS
HARMONIJA
LYRINĖ
MELODIJA
MIKROFONAS

MUZIKINIS
OPERA
POETINIS
ĮRAŠYMAS
RITMAS
RITMINIS
DAINUOTI
DAININKAS
VOKALAS

13 - Family

```
C M T C N E B A C Q B D P M
O U S E S Q A N O M Ž U R S
B A I L T G N T R K F K O E
M S I L T A Ū T Ė V Ų R T M
V E O F A J K K T D C A Ė S
Y N M I H P A V S C Ė I V Ū
R E J F K R S U Y Z Q D I N
A L S I Y I I A K I A V S Ė
S I O E Y E Y M I B F A I N
S S Z D K T C F A O E I L A
M O T I N O S A V Ė T K O S
I L M O T I N A Y G O A R T
D U K T E R Ė Č I A D S B V
P U S B R O L I S H V O Y T
```

PROTĖVIS	ANŪKAS
TETA	VYRAS
BROLIS	MOTINOS
VAIKAS	MOTINA
VAIKYSTĖ	SŪNĖNAS
VAIKAI	DUKTERĖČIA
PUSBROLIS	TĖVŲ
DUKRA	SESUO
TĖVAS	DĖDĖ
SENELIS	ŽMONA

14 - Farm #1

```
H Z F S U D E M Q Ž K A T Ė
R Y Ž I A I Š V U E E B H B
B C C S N L V U Z M T S O I
P K R T R C I T O D D V U Z
F I E F A G L S N I Q Z H O
O Ž K A V L A Y A R O V T N
T R Ą Š O S U L H B O B C A
S Ė K L O S K K E Y P Q A S
R A D I T Z A R H S M S R C
D P N J O Q S A V T L M P G
S S S E S H K O V Ė V R A K
B I T Ė I V I Š T A S L Y M
Q E L R D Š V E R Š E L I S
B V A N D U O T L O Y A E L
```

ŽEMDIRBYSTĖ	TVORA
BITĖ	TRĄŠOS
BIZONAS	LAUKAS
VERŠELIS	OŽKA
KATĖ	ŠIENAS
VIŠTA	MEDUS
KARVĖ	ARKLYS
VARNA	RYŽIAI
ŠUO	SĖKLOS
ASILAS	VANDUO

15 - Camping

```
M H U H E Z C U J K P G N M
S I E D L T D M E O Q A U E
Ė V Š Į D O M U S M I M O D
N F O K R R K E Y P E T T Ž
I K K D A P C O D A E A Y I
P A A D C S G H Z S S J K Ų
A L N Y C V Q A B A I J I V
L N O Ū S Y P M A S L N S Ė
A A J Ė V Z J A V Ė U E G R
P S A V Y Y M K A T N P I U
E Ž E R A S G A R U Ė S B P
S M H I U F I S G J M F C E
V V S V Ž E M Ė L A P I S K
M E D Ž I O K L Ė K D I E I
```

NUOTYKIS   MEDŽIOKLĖ
GYVŪNAI   VABZDYS
KAJUTĖ   EŽERAS
KANOJA   ŽEMĖLAPIS
KOMPASAS   MĖNULIS
UGNIS   KALNAS
MIŠKAS   GAMTA
ĮDOMUS   VIRVĖ
HAMAKAS   PALAPINĖ
KEPURĖ   MEDŽIŲ

16 - Algebra

```
N K I E K I S S G F I K S K
S U I R Y K S P I H P B I I
I A M E L B O R P K K D B N
N V I E F T M E N J P C Q T
I E G F R S Y N S K I E V A
J U T G R I Q D A M F F D M
I K Y E B K S I K A R O I A
N L L F I H C M I T A R A S
I P S H Q S Z A F R K M G I
L N U L I S I S A I C U R S
A T Ė M I M O N R C I L A F
R O D I K L I S G A J Ė M U
L Y G T I S U A F A A C A D
S U P A P R A S T I N T I B
```

DIAGRAMA
SKYRIUS
LYGTIS
RODIKLIS
VEIKSNYS
NETEISINGA
FORMULĖ
FRAKCIJA
GRAFIKAS
LINIJINIS

MATRICA
NUMERIS
PROBLEMA
KIEKIS
SUPAPRASTINTI
SPRENDIMAS
ATĖMIMO
KINTAMASIS
NULIS

17 - Numbers

```
K V E H Y C D S A N E I V D
D E H E O V S L E N Z P T E
V N T O M C V E E P C L R Š
Y G Y U A K I L Y R T T Y I
L E B V R P E N K I K Y S M
I P D Q Z I Š E Š I C G N T
K P U R M R O D Y Y Z E Z I
A L S R S U L L E R G S B N
U C K U G T B S I V F M O O
H R L H N E F Q J K Y E R U
D N S H Y K M I H P A N Y T
Š E Š I O L I K A B M B I Š
D E Š I M T A I N I S Y E A
D V I D E Š I M T K P Q I F
```

DEŠIMTAINIS	ŠEŠI
AŠTUONI	ŠEŠIOLIKA
PENKI	DEŠIMT
KETURI	TRYLIKA
KETURIOLIKA	TRYS
DEVYNI	DVYLIKA
VIENAS	DVIDEŠIMT
SEPTYNI	DU

18 - Spices

```
R T V Q S S I I M P Š I S V
U S E H L K T T O I A M A A
Y V I P B V V R J P F B L N
E A D R U S K A A I R I D I
M Y S S I R A K M R A E Y L
E L G Ų I Ž Y N A Ų N R M Ė
Č E S N A K A I Ū F A A E P
C I N A M O N A S G S S D A
T K Q N A Q S N F M O A I P
D M K C H V F A U A P V S R
E Y T A R D N E L A K Y S I
S N J H E E N E M D Z V G K
S A N O M A D R A K U M S O
S I N O K S V O U P K S K S
```

ANYŽIŲ	IMBIERAS
KARTI	SALDYMEDIS
KARDAMONAS	SVOGŪNAS
CINAMONAS	PAPRIKOS
KALENDRA	PIPIRŲ
KMYNAI	ŠAFRANAS
KARIS	DRUSKA
SKONIS	SALDUS
ČESNAKAI	VANILĖ

19 - Universe

```
A E Z O D I A K A S U G P S
S T O B C N R C S P L A U A
M S M N E P K H U U I L S U
A A M O A U Z Q G I B A R L
T M A K S U A G N A D K U Ė
Q O T F I F A S A E T T T G
A N O L N P E Y D I Q I U R
U O M K I K S R S U S K L Į
Y R A V M Z K A A H N A I Ž
N T S Y S N A E U B J S S A
J S F U O U U S I L U N Ė M
S A P O K S E L E T Ė O O D
D Q S S A D I O R E T S A Y
O R B I T A P L A T U M A E
```

ASTEROIDAS	PLATUMA
ASTRONOMAS	MĖNULIS
ATMOSFERA	ORBITA
DANGAUS	DANGUS
KOSMINIS	SAULĖS
TAMSA	SAULĖGRĮŽA
EON	TELESKOPAS
GALAKTIKA	MATOMAS
PUSRUTULIS	ZODIAKAS

20 - Mammals

```
A K S J S A T Ū I L C L R T
D R A E H T U K M S O O S G
R F K T K F R C K P Y Š U O
A E L L Ė K Ė P A L O B I Y
M C I V Y I T E M Z T G L A
B M V Z C S I V A V E N U U
L B C J F S A R B E Z S B G
Y Ž I R A F A N Y Z K Q G O
S I Š U I R T Y I O Z L G R
B A N G I N I S E F B D J I
B E B R A S K A R L L V R L
B R S P K E N G Ū R A E D A
Z P J K Y L T L H K D P D E
B E Ž D Ž I O N Ė R N I Q J
```

TURĖTI	GORILA
BEBRAS	ARKLYS
BULIUS	KENGŪRA
KATĖ	LIŪTAS
COYOTE	BEŽDŽIONĖ
ŠUO	TRIUŠIS
DELFINAS	AVIS
DRAMBLYS	BANGINIS
LAPĖ	VILKAS
ŽIRAFA	ZEBRAS

21 - Restaurant #1

```
L R I N G R I D I E N T A I
G Ė L Ė T E V R E S F I U G
S A K N I N I S A K S N B D
F N S Š P A D A V Ė J A L Q
Y O D L T K J P S E J R Z A
T U N S B Ė V I Š T A E U Q
Z D B N Y M S A T R E S E D
D U B U O K A J I G R E L A
M B J P E P Ž I T Y G L A V
M Ė S A U J A Z S U R T Š A
P E I L I S D Z M T K A V A
T G B A N L A D S Y A L Y T
J O D O E Q P J K T R S Y Z
L E N C M V I R T U V Ė T R
```

ALERGIJA   PEILIS
DUBUO   MĖSA
DUONA   MENIU
KASININKAS   SERVETĖLĖ
VIŠTA   LĖKŠTĖ
KAVA   PADAŽAS
DESERTAS   AŠTRUS
MAISTAS   VALGYTI
INGRIDIENTAI   PADAVĖJA
VIRTUVĖ

22 - Bees

```
L U A V A V S C M B L K O A
O C U A M A A S A D E I Ž P
R T G Š E I U F I T M T G D
U U A K T S L J S E K Y Ė U
T D L A S I Ė K T D O K L L
F R A S I U B E A Ė O Ū Ė K
Į S I B S S G S S N L R S I
B V P T O I O H Y E A R S N
U E A I K N A U D I N G A T
V L T I E Y T D Z L S G T O
E F L C R Č Z Q B A O Z A J
I V I D U O I U A R D B S A
N M E D U S V U V A A Q Y S
Ė A V I L Y S Ė S K S U E G
```

NAUDINGA
ŽIEDAS
ĮVAIROVĖ
EKOSISTEMA
GĖLĖS
MAISTAS
VAISIUS
SODAS
BUVEINĖ
AVILYS

MEDUS
VABZDYS
AUGALAI
APDULKINTOJAS
KARALIENĖ
RŪKYTI
SAULĖ
SPIEČIUS
VAŠKAS

23 - Weather

```
S A D E L K I H A H I Ž F T
A A T V K Q Y Y R Q C A V R
S J S M N R K V G A S I V O
U P I U O S A U S R A B V P
A V N K M S U G N A D A D I
S E I S T U F Y S R C S P N
I J T L R M Z E S D F A D I
M U S O N A S H R U R T E S
V F U L N R V G A A K A B A
Ė Y A U R A G A N A S M E K
J S I N I R A I L O P I S Ū
A N R T O R N A D O C L I R
S F G T I L V Q J P T K S K
T E M P E R A T Ū R A N J Z
```

ATMOSFERA
RAMUS
KLIMATAS
DEBESIS
SAUSRA
SAUSAS
RŪKAS
URAGANAS
LEDAS
ŽAIBAS

MUSONAS
POLIARINIS
DANGUS
AUDRA
TEMPERATŪRA
GRIAUSTINIS
TORNADO
TROPINIS
VĖJAS

24 - Adventure

```
E A D C D M A R Š R U T A S
M K H Y M Ž S A F S Z R S I
V N S Ė N O I L E K Z T Ą Ž
I A A K N Y I A T M A G R O
Š U M Y U B R A U P Q Q D R
Š J U E C R Y G O G Z S I G
Ū A K Y Q D S N N K S A O U
K S N Ė B Y M I L A G M S K
I J U O R O S J J L U U A B
A A S O L J O O D A S G L S
I A G U A R D V Z P C U K M
S T E B I N A A F M E A I H
R U F Z F Y N P Q C K S E C
P A R U O Š I M A S F A V Q
```

VEIKLA
GROŽIS
DRĄSA
IŠŠŪKIAI
GALIMYBĖ
PAVOJINGA
SUNKUMAS
EKSKURSIJA
DRAUGAI

MARŠRUTAS
DŽIAUGSMAS
GAMTA
NAUJAS
PARUOŠIMAS
SAUGUMAS
STEBINA
KELIONĖ

25 - Circus

```
K T L P E S V J V Y G R Ž E
Q Ī I K I A N Ū V Y G O O F
Z G Ū Q C V C S Y S M D N Y
Q R T F N O V A F A A Y G A
O A A V B R R G T M G T L M
I S S T I Ū Y N T U I I I U
S A L D A I N I A I J F E Z
G A N R S Ž R D B T A N R I
V N P O Q R Z Ū O S T O I K
U A S R I B P P R O M V U A
D R A M B L Y S C K K Q S P
G M R C Y U A Į A M A G A S
P A R A D A S B F U Q E U M
B E Ž D Ž I O N Ė G Q U C A
```

ACROBAT	MAGAS
GYVŪNAI	BEŽDŽIONĖ
BALIONAI	MUZIKA
SALDAINIAI	PARADAS
KOSTIUMAS	RODYTI
DRAMBLYS	ĮSPŪDINGAS
ŽONGLIERIUS	ŽIŪROVAS
LIŪTAS	TIGRAS
MAGIJA	

26 - Restaurant #2

```
S V K K R F Z Ž V C V A D G
F S N Ė L T I I U Z P I R Ė
K O U D N A V A V V G J U R
Y S I Ė B E T I U H I Q S I
S K A N U S C N J T G S K M
U N N E S Ė V O Ž R A D A A
I O O I A Z P K K K B U Š S
S N R R T S L S N Q U Š A O
I S A A R L Q E C S I A U T
A Ū K K O J E I D U R K K O
V T A A T N K R B A S U Š L
J E M V Z K S P G U S T T A
K I A U Š I N I A I L Ė A S
I P P A D A V Ė J A S S S C
```

GĖRIMAS   PIETŪS
TORTAS   MAKARONAI
KĖDĖ   SALOTOS
SKANUS   DRUSKA
VAKARIENĖ   SRIUBA
KIAUŠINIAI   PRIESKONIAI
ŽUVIS   ŠAUKŠTAS
ŠAKUTĖ   DARŽOVĖS
VAISIUS   PADAVĖJAS
LEDAS   VANDUO

27 - Geology

```
I  E  N  L  L  T  K  A  G  O  M  I  S  K
A  Š  D  F  F  T  A  K  E  Y  I  Š  T  O
L  E  K  S  L  V  L  M  I  F  N  L  A  R
A  R  C  A  T  C  C  U  Z  D  E  Y  L  A
T  O  I  N  S  Ė  I  O  E  R  R  D  A  L
S  Z  K  Y  A  T  S  S  R  U  A  Y  Kų L
I  I  L  M  V  Š  I  I  I  S  L  T  T  L
R  J  A  E  R  K  D  N  S  K  A  A  I  A
K  A  I  Ž  U  U  L  S  I  A  I  S  T  V
K  V  A  R  C  A  S  K  T  O  Z  R  A  A
Y  C  B  H  I  N  S  O  Š  O  I  Z  S  F
E  Z  E  C  T  Y  F  U  G  J  L  Q  P  P
Y  H  G  D  L  L  Z  L  Ū  F  H  T  E  R
H  P  B  I  I  P  S  S  R  I  V  V  M  I
```

RŪGŠTIS
KALCIS
URVAS
ŽEMYNAS
KORALŲ
KRISTALAI
CIKLAI
EROZIJA
IŠKASTINIO
GEIZERIS

LAVA
SLUOKSNIS
MINERALAI
IŠLYDYTAS
PLYNAUKŠTĖ
KVARCAS
DRUSKA
STALAKTITAS
AKMUO

28 - House

```
S U A Q N F R A K T A I N F
P S A G O T S Š M D A F V P
Y O H A Y L Y L Ė A N S T K
D D U Š A S N U H P S G V P
S I E N A A I O Q Y Ė Q O I
Y A K S N Ž D T V R C L R G
D L A I Y A I A I A D L A B
N O M Y M R Ž P R B P G M P
I U B L M A U Z T S O D A S
R Ž A E H G G D U L J T N A
G U R M N J D M V E O Z B G
Q E Y P F I N I Ė L B H G N
Z P S A V E I D R O D I S A
B I B L I O T E K A H Y G L
```

PALĖPĖ	RAKTAI
ŠLUOTA	VIRTUVĖ
UŽUOLAIDOS	LEMPA
DURYS	BIBLIOTEKA
TVORA	VEIDRODIS
ŽIDINYS	STOGAS
GRINDYS	KAMBARYS
BALDAI	DUŠAS
GARAŽAS	SIENA
SODAS	LANGAS

29 - Physics

```
D T O K E V C S A S O A H C
S A Y R L I I K T D D D Q H
Z L Ž M A S Ė I O A U O G E
A K I N A H C E M L J Y I M
I L M B I U B A A E O L Q I
T S O G H S Q U S L S K C N
E A G R E I T I S Ė I S V I
F B R A N D U O L I N I S S
O Y J T V A R I K L I S I O
R Z Z I Ė L U K E L O M K M
M C R S U L A S R E V I N U
U G R L A Q P D M A U K A S
L E L E K T R O N A S L T Z
Ė F R E L I A T Y V U M A S
```

ATOMAS	DUJOS
CHAOSAS	MASĖ
CHEMINIS	MECHANIKA
TANKIS	MOLEKULĖ
ELEKTRONAS	BRANDUOLINIS
VARIKLIS	DALELĖ
PLĖTRA	RELIATYVUMAS
FORMULĖ	UNIVERSALUS
DAŽNIS	GREITIS

30 - Coffee

```
F U V A B K K V A N D U O F
P I I D U A N R C U K R U S
I T L M Q I T R E G D B K I
E R I T K N L A G M V Z O N
N A D H R A J I O F A Z F O
A K N A C A C D T R H S E K
S K E Y P S S V Q Y A A I S
Z H O P V U K R E T H M N A
K I L M Ė T R Y A A B I A T
Z T K E R Š F J S S I R S A
A N V O U G C M G T J Ė Y M
S I G Q A Ū I P R N I G E O
J R P Q T R J U O D A S K R
T T S K R U D I N T O S T A
```

RŪGŠTUS	TRINTI
AROMATAS	SKYSTIS
GĖRIMAS	PIENAS
KARTI	RYTAS
JUODA	KILMĖ
KOFEINAS	KAINA
KREMAS	SKRUDINTOS
TAURĖ	CUKRUS
FILTRAS	GERTI
SKONIS	VANDUO

31 - Shapes

```
K A M P A S K D P N T K C K
A G H Q M A B R G S H U S V
J Q T N U T S J A C U B A A
F M U J I A I U R Š K A N D
O Ė M Z I R P S E J T S O R
K R E I V Ė M F F I I A G A
N P U S Ė A A O S R S C I T
A C V Y B S K L V Q B A L A
L N S P Y U A K I A E L O S
E L I P S Ė I Ū U N L J P H
C L B R K C Č G U U I U C G
B K N I G Y A I G G K J S O
R H C M F P T S H Z J R A G
O D O M I O S J H M F B V F
```

LANKO	LINIJA
RATAS	OVALUS
KŪGIS	POLIGONAS
KAMPAS	PRIZMĖ
KUBAS	STAČIAKAMPIS
KREIVĖ	PUSĖ
KRAŠTAI	SFERA
ELIPSĖ	KVADRATAS

32 - Scientific Disciplines

```
D I J F A F L N B G D M M A
A M O A J I M E H C G I T S
J U A J I Z H U M A E N E T
I N J I G I B R E N T E R R
G O I M O O O O C A A R M O
O L G E L L T L H T R A O N
L O O H O O A O A O Y L D O
O G L C K G N G N M T O I M
H I O O E I I I I I O G N I
C J E I G J K J K J B I A J
I A H B D A A A A A L J M A
S O C I O L O G I J A A I Z
P Q R K V O U F L C K Y K F
H U A J I G O L O E G C A L
```

ANATOMIJA

KALBOTYRA

ARCHEOLOGIJA

MECHANIKA

ASTRONOMIJA

MINERALOGIJA

BIOCHEMIJA

NEUROLOGIJA

BOTANIKA

FIZIOLOGIJA

CHEMIJA

PSICHOLOGIJA

EKOLOGIJA

SOCIOLOGIJA

GEOLOGIJA

TERMODINAMIKA

IMUNOLOGIJA

33 - Science

```
A G C M M H I P O T E Z Ė E
U F H I O G A M T A O V V V
G S E N L N Q B U Q E Y L O
A A M E E F I Z I K A V A L
L T I R K T Q Y B Z V Z M I
A A N A U K Q J H Y F U N U
I M I L L D U O M E N Y S C
A I S A Ė H G P T I S M S I
J L P I S Ė L E L A D S Q J
E K S P E R I M E N T A S A
O R G A N I Z M A S V M Y Q
F A K T A S D B E L E O C V
M E T O D A S Q S C O T L E
J Z B A J I C A T I V A R G
```

ATOMAS
CHEMINIS
KLIMATAS
DUOMENYS
EVOLIUCIJA
EKSPERIMENTAS
FAKTAS
GRAVITACIJA
HIPOTEZĖ

METODAS
MINERALAI
MOLEKULĖS
GAMTA
ORGANIZMAS
DALELĖS
FIZIKA
AUGALAI

34 - Beauty

```
T  J  S  A  N  Ū  P  M  A  Š  A  B  G  D
K  M  A  D  L  H  E  O  O  Y  L  H  A  S
V  C  Ž  O  S  A  Š  U  T  H  I  P  R  S
J  E  A  F  Ė  N  O  L  A  M  E  L  B  C
O  C  I  G  L  K  K  L  E  N  J  Ū  A  L
R  K  K  D  K  Q  V  A  M  L  A  P  N  Y
V  Q  A  C  R  D  A  P  I  Ž  I  Ų  O  C
M  H  M  J  I  O  T  R  B  A  T  D  S  P
S  Q  D  F  Ž  M  D  V  A  V  L  A  P  S
K  V  A  P  A  S  T  I  I  E  A  Ž  F  C
A  Y  H  E  M  U  Y  S  S  S  J  A  C  T
P  A  S  L  A  U  G  O  S  I  I  I  D
K  O  S  M  E  T  I  K  A  O  L  N  S  J
E  L  E  G  A  N  T  I  Š  K  A  S  O  Z
```

ŽAVESIO	MAKIAŽAS
SPALVA	TUŠAS
KOSMETIKA	VEIDRODIS
GARBANOS	ALIEJAI
ELEGANTIŠKAS	ŽIRKLĖS
KVAPAS	PASLAUGOS
MALONĖ	ŠAMPŪNAS
LŪPŲ DAŽAI	ODA

35 - Clothes

```
P  E  I  G  S  Ė  N  L  E  K  O  N  M  Z
Š  A  Ė  L  Ė  T  S  O  U  J  I  R  P  M
A  P  L  F  F  Q  R  S  I  J  O  N  A  S
L  I  E  A  I  M  S  I  L  I  A  K  P  Ė
I  Ž  N  A  I  Y  Z  G  U  Z  T  N  D  N
K  A  K  K  G  D  Y  U  A  K  T  B  I  I
A  M  U  M  E  O  I  M  L  B  Ė  M  R  T
S  A  S  C  K  P  C  N  B  B  L  M  Ž  Š
M  I  E  K  I  I  U  C  Ė  A  O  A  A  R
D  Ž  I  N  S  A  I  R  H  T  S  D  S  I
A  P  Y  R  A  N  K  Ė  Ė  Ų  M  A  B  P
N  S  P  O  M  A  R  Š  K  I  N  I  A  I
R  S  A  N  D  A  L  A  I  Y  S  N  Y  L
A  G  K  O  P  A  P  U  O  Š  A  L  A  I
```

PRIJUOSTĖ	DŽINSAI
DIRŽAS	PAPUOŠALAI
PALAIDINĖ	PIŽAMA
APYRANKĖ	KELNĖS
KAILIS	SANDALAI
SUKNELĖ	ŠALIKAS
MADA	MARŠKINIAI
PIRŠTINĖS	BATŲ
KEPURĖ	SIJONAS
STRIUKĖ	

36 - Insects

```
B J R J N V L K B S E B Š Y
M B I T Ė A D A C I C I I D
G A N T J P N I O G G E R R
E C N S O S U L B R Z D Š U
O M M T F V A N Z I U R Ė G
T Q H U I A R Z C Ž C O H E
F E L V Y S F V A M S N T L
D R R E A M A R Ų U I K D I
N G A M R B S A L A B A V S
V F A V I V C G R L J O P E
M Q L J D T A N G U A M G N
I U K L K S A D R U G Y S Z
U O D A S J K S A G O I Ž E
T G L R C T A R A K O N A S
```

AMARŲ	ŽIOGAS
BITĖ	ŠIRŠĖ
VABALAS	BIEDRONKA
DRUGELIS	LERVA
CICADA	MANTIS
TARAKONAS	UODAS
LAUMŽIRGIS	DRUGYS
BLUSOS	TERMITAS
GNAT	VAPSVA

37 - Astronomy

```
R Ž K U J C K Z Q O P M J R
A M V S Ž Q T D J R L E F A
K S Ė A K T U Y R L A T G D
E P J N I H E Q D V N E U I
T A V B U G A M F S E O Y A
A L D R B L Ž I I A T R G C
B Y A H V A I D H M A A A I
H D N J V R H S Y O A S L J
T O G L B M C U K N E S A A
E V U Ū R V E K L O A Q K D
M A S K G Z M A I R F S T Z
U S S A Ž E M Ė G T K B I S
L S A S O M S O K S M R K I
S U P E R N O V A A S F A L
```

ASTRONOMAS	ŪKAS
ŽVAIGŽDYNAS	PLANETA
KOSMOSAS	RADIACIJA
ŽEMĖ	RAKETA
UŽTEMIMAS	PALYDOVAS
GALAKTIKA	DANGUS
METEORAS	SUPERNOVA
MĖNULIS	

38 - Health and Wellness #2

```
D  K  Q  D  L  Y  V  J  F  L  P  Z  R  A
L  I  G  O  N  I  N  Ė  D  M  L  V  H  T
E  L  I  G  A  A  P  E  T  I  T  A  S  K
O  N  S  V  E  I  K  A  S  I  C  B  N  Ū
Y  N  E  S  T  R  E  S  A  S  T  D  B  R
I  N  Y  R  A  N  A  T  O  M  I  J  A  I
N  S  Y  Y  G  A  L  E  R  G  I  J  A  M
F  A  B  Y  T  I  M  A  S  A  Ž  A  S  O
E  T  A  D  Y  Ų  J  I  R  O  L  A  K  S
K  E  S  A  N  I  M  A  T  I  V  Q  H  V
C  I  I  Z  O  G  E  N  E  T  I  K  A  O
I  D  E  H  I  D  R  A  C  I  J  A  E  R
J  K  F  Z  B  C  H  I  G  I  E  N  A  I
A  C  Q  K  R  A  U  J  A  S  B  P  G  S
```

ALERGIJA	SVEIKAS
ANATOMIJA	LIGONINĖ
APETITAS	HIGIENA
KRAUJAS	INFEKCIJA
KALORIJŲ	MASAŽAS
DEHIDRACIJA	MITYBA
DIETA	ATKŪRIMO
LIGA	STRESAS
ENERGIJA	VITAMINAS
GENETIKA	SVORIS

39 - Time

```
P  R  I  E  Š  U  C  M  T  R  A  B  A  D
A  T  E  I  T  I  S  S  Ė  D  Y  N  G  D
N  N  M  E  T  I  N  I  S  N  V  T  Y  M
V  A  V  N  E  Q  A  N  I  T  U  M  A  F
A  Q  K  Ė  P  Z  M  E  T  Š  M  O  N  S
L  S  V  T  K  J  Ž  I  E  I  E  T  E  I
A  A  K  U  I  I  I  D  M  A  T  B  I  D
N  V  Y  N  T  S  U  R  T  N  A  G  D  O
D  A  N  I  S  U  S  U  M  D  I  Q  U  R
A  I  K  M  K  P  H  D  I  I  N  C  Y  K
V  T  T  E  N  R  E  I  Š  E  C  S  Q  I
V  Ė  Z  V  A  J  Z  V  E  N  V  C  U  A
G  R  E  I  T  A  I  Z  D  Z  T  J  D  L
K  A  L  E  N  D  O  R  I  U  S  V  A  T
```

METINIS	MINUTĖ
PRIEŠ	MĖNUO
KALENDORIUS	RYTAS
AMŽIUS	NAKTIS
LAIKRODIS	VIDURDIENIS
DIENA	DABAR
DEŠIMTMETIS	GREITAI
ANKSTI	ŠIANDIEN
ATEITIS	SAVAITĖ
VALANDA	METAI

40 - Buildings

```
K P A L A P I N Ė G U O L M
S L V T J J B U N C O S I O
L T Ė T U J A K K K R I G K
A T A T D L G Y G E I T O Y
B E L D I E I J L T H U N K
O A K K I S A T Š K O B I L
R T Y I U O A L N Q V Š N A
A R M N T Y N T U U V E Ė Q
T A A A T R S A U H S I G S
O S G S B Y Z T S B M V I U
R B M B N S M U Z I E J U S
I G A R A Ž A S J K A N P I
J B Q Q O F Z G H L G E S K
A D A S A B M A P I L I S Ū
```

BUTAS
KLĖTIS
KAJUTĖ
PILIS
KINAS
AMBASADA
GAMYKLA
ŪKIS
GARAŽAS

LIGONINĖ
VIEŠBUTIS
LABORATORIJA
MUZIEJUS
MOKYKLA
STADIONAS
PALAPINĖ
TEATRAS
BOKŠTAS

41 - Philanthropy

```
F  I  N  A  N  S  A  I  A  G  Ž  V  T  S
P  N  V  Q  C  T  A  R  J  M  M  A  I  Ą
P  A  S  A  U  L  I  N  I  S  O  I  K  Ž
D  L  Ė  Š  Ų  V  K  B  N  T  N  K  S  I
Z  O  Q  R  L  K  I  K  O  I  Ė  A  L  N
H  T  S  C  P  N  E  E  M  A  S  I  U  I
F  G  Ė  N  G  A  R  K  Ž  T  Z  N  S  N
M  H  P  C  U  I  Š  Š  Ū  K  I  A  I  G
I  Y  U  S  A  M  I  N  U  A  J  Š  V  U
S  A  R  A  D  B  A  L  B  T  H  E  D  M
I  J  G  D  T  O  U  S  J  N  I  I  N  A
J  I  S  T  O  R  I  J  A  O  S  V  Q  S
A  J  I  R  D  N  E  B  M  K  Y  A  A  Q
Z  L  F  P  R  O  G  R  A  M  O  S  K  B
```

IŠŠŪKIAI	GRUPĖS
LABDARA	ISTORIJA
VAIKAI	SĄŽININGUMAS
BENDRIJA	ŽMONIJA
KONTAKTAI	MISIJA
FINANSAI	REIKIA
LĖŠŲ	ŽMONĖS
DOSNUMAS	PROGRAMOS
PASAULINIS	VIEŠA
TIKSLUS	JAUNIMAS

42 - Gardening

```
K S V H E B G E M C R N U L
O H O T Y Z O U D N A V T P
N A U D T A D T S A P A L U
T J I Y A L A C A N R A Ž O
E I U E G S T R M N S K P K
I P U R V A S Ū O P I L D Š
N A E P Y A U Š G L M K D T
E L G Ė L I Ų I L R E L O Ė
R F R J Y O C S A D Ž F D S
I P D R Ė G M Ė V Q O J D A
S A K Š I T O Z G E V G P D
S E Z O N I N I S U R O Y E
S Ė K L O S A T A M I L K I
K O M P O S T A S S D I J Ž
```

ŽIEDAS	LAPIJA
BOTANIKOS	ŽARNA
PUOKŠTĖ	LAPAS
KLIMATAS	DRĖGMĖ
KOMPOSTAS	SODAS
KONTEINERIS	SEZONINIS
PURVAS	SĖKLOS
VALGOMAS	DIRVOŽEMIS
EGZOTIŠKAS	RŪŠIS
GĖLIŲ	VANDUO

43 - Herbalism

```
L R Z R S A K I L I Z A B I
V O E S A N A R F A Š I R N
E Z Y I N U Ų G T I Z G Q G
E M F N Ū A D M U C P V U R
Ų A Č O R J N O D G C M C E
I R E K I I A V N T S A U D
N I S S A R V O N Ė I Z U I
I N N Y M A E S A I L A Ž E
T A A B G N L A U K O I B N
A S K Y Q I P L D P K U S T
M V A G Ė L Ė A I D N H P A
O Ė I U M U K G N S A D O S
R R T S A K B U G M P K O K
A N J A V I R A A D U Q Q B
```

AROMATINIŲ
BAZILIKAS
NAUDINGA
KULINARIJA
PANKOLIS
SKONIS
GĖLĖ
SODAS
ČESNAKAI

ŽALIAS
INGREDIENTAS
LEVANDŲ
MAIRŪNAS
MĖTA
RAUDONĖLIS
AUGALAS
ROZMARINAS
ŠAFRANAS

44 - Flowers

```
S T U L P Ė P A O Q N D F Y
A A T C A A J I L O N G A M
N N U O J Q U F B Y Y M I Q
Ū D D L Q B T H T Z V A Ų M
J A A R Ė T Š K O U P I D K
I I C O I G P Y S V A R N S
B S Z E C U R C R H G E A Ė
L Y F I H T S Ą Z Z U M V Ž
G A R D E N I A Ž E O U E O
P J D O B I L A S Ų N L L R
K I A U L P I E N Ė A P Y S
S L J A E I H I B I S C U S
O E N A R C I Z A S P O L L
Q L Ž I E D L A P I S F B I
```

PUOKŠTĖ   LELIJA
DOBILAS   MAGNOLIJA
NARCIZAS   BIJŪNAS
DAISY   ŽIEDLAPIS
KIAULPIENĖ   PLUMERIA
GARDENIA   AGUONA
HIBISCUS   ROŽĖ
ANDRIUS   SAULĖGRĄŽŲ
LEVANDŲ   TULPĖ
ALYVINĖ

45 - Health and Wellness #1

```
A G D R R E F L E K S A S G
A K U S A D A B O R D T B G
S I T Š K U A J N H Q L D Y
O D A Y D V M Z P K Q D O D
J N T T V V Y E C B Z J Q Y
I V S J M U I Y N O O R E T
R K A K P A S A M Y D Y G O
E A T I A V R E N B S M O J
T U S S S I Ž Ū L E U E M A
K L I G B T Ļ P R O T I S S
A A A G V O I K L I N I K A
B I V B R E R N A O Q U I H
H O R M O N A I Ė R U J A N
S U Ž A L O J I M A S Y O I
```

AKTYVUS	BADAS
BAKTERIJOS	SUŽALOJIMAS
KAULAI	VAISTAS
KLINIKA	RAUMENYS
GYDYTOJAS	NERVAI
LŪŽIS	VAISTINĖ
ĮPROTIS	REFLEKSAS
AUKŠTIS	ODA
HORMONAI	GYDYMAS

46 - Town

```
K R N M P T N A F F M D Z S
N N G Y A E S C L L G U N R
Y J S V S A N A R O T S E R
G Q C Ė G T V P Y R S S H A
Y A F V O R C A S I E Ė U A
N O T U A A Z S A S A N I K
A H M T J S R I T T K I K E
S A N O I D A T S A E T A T
A L R U R O K U O S P S V O
K K I D E O I B U I Y I I I
N Y N R L U N Š O P K A N L
A K K A A O I E R C L V Ė B
B O A P G Q L I O K A A Z I
G M T L R P K V Y Q Y Z L B
```

ORO UOSTAS
KEPYKLA
BANKAS
KNYGYNAS
KAVINĖ
KINAS
KLINIKA
FLORISTAS
GALERIJA

VIEŠBUTIS
BIBLIOTEKA
RINKA
VAISTINĖ
RESTORANAS
MOKYKLA
STADIONAS
PARDUOTUVĖ
TEATRAS

47 - Antarctica

```
B  F  M  K  L  V  U  Į  E  C  V  T  E  Ž
T  Y  R  Ė  J  A  S  O  L  I  C  S  Y  E
L  U  C  B  N  A  J  I  C  A  R  G  I  M
P  A  U  K  Š  Č  I  Ų  B  N  N  T  N  Y
S  I  N  I  L  S  K  O  M  Y  B  K  I  N
I  A  R  O  C  K  Y  B  E  D  S  Y  A  A
L  A  J  I  F  A  R  G  O  E  G  T  C  S
A  E  A  P  L  I  N  K  A  L  V  G  R  V
S  S  D  T  E  M  P  E  R  A  T  Ū  R  A
A  Q  A  A  J  I  C  I  D  E  P  S  K  E
I  M  A  L  S  Y  S  E  B  E  D  U  L  H
S  F  V  E  O  V  A  N  D  U  O  A  Z  A
U  G  R  Y  C  S  L  H  Q  C  O  V  E  J
P  I  Š  S  A  U  G  O  J  I  M  A  S  P
```

ĮLANKA	LEDAS
PAUKŠČIŲ	SALOS
DEBESYS	MIGRACIJA
IŠSAUGOJIMAS	PUSIASALIS
ŽEMYNAS	TYRĖJAS
COVE	ROCKY
APLINKA	MOKSLINIS
EKSPEDICIJA	TEMPERATŪRA
GEOGRAFIJA	VANDUO
LEDYNAI	

48 - Ballet

```
C P L O J I M A I B A M I T
R H F D G A C A P A U E Š O
I I O M U Z I K A L D N R R
F Z T R O S F I Q E I I A K
S N V M E V J T J R T N I E
P T S S A O B K B I O I Š S
R J I U K S G A F N R S K T
A Q D L V Y D R S A I I I R
U D Ū O I Y B P A K J V N A
M Z G Q B U C M T F A V G S
E A Ļ Q R R S G S Q I R A H
N P A M O K O S E L Y J S Q
Y Š O K Ė J A I G U S E A C
S U T Š K A R G I E P E M K
```

PLOJIMAI	PAMOKOS
MENINIS	RAUMENYS
AUDITORIJA	MUZIKA
BALERINA	ORKESTRAS
CHOREOGRAFIJA	PRAKTIKA
ŠOKĖJAI	RITMAS
IŠRAIŠKINGAS	ĮGŪDIS
GESTAS	STILIUS
GRAKŠTUS	

49 - Fashion

```
P T E U K K M E D Ž I A G A R
R P S R R U B S U G O T A P
A S A I L B K L T S S L U L
K Z T P Z B C L C I U T Z L
T C Š B R Q K P U Y L M J Y
I K A G N A R P A S A I S P
N U R S L D S J R C N R U H
I I A M I V A T A M I E N S
S B R A N G U S A Y G U R A
B O U T I Q U E B S I Q E I
K M S A M A N I E I R P D S
T E K S T Ū R A V V O S O B
E L E G A N T I Š K A S M A
N Ė R I N I A I H R R M G U
```

PRIEINAMAS
BOUTIQUE
APRANGA
PATOGUS
ELEGANTIŠKAS
BRANGUS
MEDŽIAGA
NĖRINIAI
MATAVIMAI

MODERNUS
KUKLUS
ORIGINALUS
RAŠTAS
PRAKTINIS
PAPRASTAS
STILIUS
TEKSTŪRA

50 - Human Body

```
S  J  J  R  A  K  N  O  S  I  S  P  Č  R
J  C  Y  G  L  A  P  J  O  I  I  E  I  N
T  R  M  G  E  U  J  I  H  I  L  Č  U  H
B  N  Q  L  S  L  S  O  R  U  E  I  R  H
B  U  R  N  A  A  M  B  K  Š  K  Ų  N  U
M  O  P  G  J  I  A  D  O  N  T  S  O  S
K  I  Ė  D  U  P  K  Q  S  A  N  A  S  Y
R  A  N  K  A  N  R  K  G  T  H  D  S  N
J  N  Ū  D  R  I  A  S  V  A  A  I  I  E
J  L  K  D  K  Q  S  I  P  S  L  E  S  G
S  I  L  U  A  K  I  D  N  A  Ž  V  U  E
S  Z  A  E  P  C  U  R  L  B  Y  Q  A  M
L  T  H  F  E  D  F  I  K  A  K  L  A  S
A  H  M  N  S  A  S  Š  Q  N  R  I  T  J
```

ČIURNOS	GALVA
KRAUJAS	ŠIRDIS
KAULAI	ŽANDIKAULIS
SMEGENYS	KELIS
SMAKRAS	KOJA
AUSIS	BURNA
ALKŪNĖ	KAKLAS
VEIDAS	NOSIS
PIRŠTAS	PEČIŲ
RANKA	ODA

51 - Musical Instruments

```
N H S A T O G A F U F L P G
F P S A T E N R A L K S I O
I S S S T S N M K B M P A N
J Y A B Z A B O J N A B N G
E O N A R N D N F N T U I A
I C I N Q O Q I B L C O N S
M A R I M B A K I Ū E Q A B
A R U L Y M O A L Z G I S Q
Š A B O Y O B A R F A N T N
U T M D R R O J V U Z V A A
M I A N S T J B O H J H S S
M G T A N L U S M U I K A S
S I B M M H S A T I M I R T
F S O C V I O L O N Č E L Ė
```

BANJO	MANDOLINA
FAGOTAS	MARIMBA
VIOLONČELĖ	OBOJUS
KLARNETAS	MUŠAMIEJI
BŪGNAS	PIANINAS
FLEITA	TAMBURINAS
GONGAS	TROMBONAS
GITARA	TRIMITAS
ARMONIKA	SMUIKAS
ARFA	

52 - Fruit

```
O V C Z P V O K C M I I M N
Ė B Z I J S E O I A K M C Z
Ė Š U A I R K K T N R E Z D
Q Q G O I S S O R G I L O K
I J Y Z L R R S I O O I F N
Z A M U B I N A N N N O S Y
K I V I O S Ų S A G O N O A
S N H R Ė G O U N Y V A V V
C P I I A S A N A N A S A Y
A V O K A D A S C E P P J Š
A V I E Č I Ų P A P A J A N
N E K T A R I N Ų Q I M V I
A B R I K O S A S C A U G A
P E R S I K A S A N A N A B
```

OBUOLIŲ	KIVI
ABRIKOSAS	CITRINA
AVOKADAS	MANGO
BANANAS	MELIONAS
UOGA	NEKTARINŲ
VYŠNIA	PAPAJA
KOKOSAS	PERSIKAS
PAV	KRIAUŠĖ
VYNUOGĖ	ANANASAI
GVAJAVOS	AVIEČIŲ

53 - Engineering

```
S P S N E M S R E K S D S K
Y K A T E T A Y O E G Y T A
T B Y S A N I Š A M A Z I M
R H T S K B G Y L I S E P P
I D A I T I I Z E G V L R A
V P T Š F I R L I R B I U S
S R S A G D S S U K Q N M M
D I A G R A M A T M E A A A
V A R I K L I S E Y A S S T
M A T A V I M A S N M S R M
V A R Y T I D H N H H A U E
S S A M I V A I Č I A K S N
D G A L G E N E R G I J A Y
K Z V T S T A T Y B A C Z S
```

KAMPAS
AŠIS
SKAIČIAVIMAS
STATYBA
GYLIS
DIAGRAMA
SKERSMENS
DYZELINAS
MATMENYS
PASKIRSTYMAS

ENERGIJA
SVIRTYS
SKYSTIS
MAŠINA
MATAVIMAS
VARIKLIS
VARYTI
STABILUMAS
STIPRUMAS

54 - Kitchen

```
Š A U K Š T A I M Z O F E P
R E C E P T A S I L I R G U
O M I M G Ė N I P M E K Ė O
J R J S D S Ė L E D Z A L D
P T K R N F Q K Ą V E Š Ė E
Š P G A B P H I S A Q A T L
S A T S I A M D O L M L E I
P Y K I N T Y L T G D D V A
E Z M Ė R O Ė A I Y U Y R I
I S Y K S R P Š T B T E H
L V I R D U L Y S I U U S O
I P R I J U O S T Ė O V J J
A S T I K L A I N I S A N H
I A I N O K S E I R P S B Y
```

PRIJUOSTĖ	VIRDULYS
DUBUO	PEILIAI
LAZDELĖS	SERVETĖLĖ
PUODELIAI	ORKAITĖ
MAISTAS	RECEPTAS
ŠAKĖS	ŠALDYTUVAS
ŠALDIKLIS	PRIESKONIAI
GRILIS	KEMPINĖ
STIKLAINIS	ŠAUKŠTAI
ĄSOTIS	VALGYTI

55 - Government

```
K U N O Ė B Y T S L A V T T
D O L A I S V Ė A L R V T Q
E T N E R A J I S U K S I D
M E J S A N O J A R T H I C
O I G A T L N B G O A O I
K S Q V M I A L L S J K P V
R M V O O Ė T I A D K N A I
A O T D N B Q U K R A R M L
T L E A Q Y Z N C U L C I I
I I I V T G I N G I S T N N
J B S K Q Y S C I Z J L K I
A K Ė P O L I T I K A A L S
V P S I N I L A N O I C A N
T E I S I N G U M A S E S Y
```

CIVILINIS
KONSTITUCIJA
DEMOKRATIJA
DISKUSIJA
RAJONAS
LYGYBĖ
TEISMO
TEISINGUMAS
TEISĖ

VADOVAS
LAISVĖ
PAMINKLAS
TAUTA
NACIONALINIS
TAIKUS
POLITIKA
KALBA
VALSTYBĖ

56 - Art Supplies

```
S  M  T  Q  M  R  H  K  Y  H  C  N  P  N
P  O  M  M  C  B  U  L  E  G  S  V  O  R
A  L  U  A  O  Y  P  I  A  Ž  A  D  P  A
L  B  P  D  V  T  T  J  V  A  K  M  I  Š
V  E  M  B  N  T  Y  A  Z  K  U  I  E  A
A  R  Q  G  I  A  G  I  S  R  T  I  R  L
E  T  D  S  K  Y  V  A  F  I  N  K  I  A
E  A  Y  Z  N  O  I  K  I  L  I  C  U  S
A  S  I  L  G  N  A  U  D  A  R  J  S  I
M  L  A  L  M  I  D  T  Ė  S  T  K  O  L
R  M  Y  L  I  T  E  Š  J  U  F  Ė  D  O
V  Q  Q  V  A  U  K  E  O  T  Z  D  B  M
N  D  M  K  A  T  Q  I  S  E  G  Ė  C  Q
S  P  D  M  J  D  S  P  D  G  U  N  K  K
```

AKRILAS	IDĖJOS
KĖDĖ	RAŠALAS
ANGLIS	ALYVA
MOLIS	DAŽAI
SPALVA	POPIERIUS
MOLBERTAS	PIEŠTUKAI
TRINTUKAS	STALAS
KLIJAI	VANDUO

57 - Science Fiction

```
D S I N G U E S O D Z F Z T
G I S P R O G I M A S H G E
A N S I N I T S A T N A F C
L I A T O R A C L E R J P H
A M N L O S Z V G K O I L N
K O I E F P L C E L B Z A O
T T K Z D V I G J O O U N L
I A A Z B Y D J V N T I E O
K K N Y G A F F A A A L T G
A J I P O T U I H I I I A I
P A S L A P T I N G A S C J
E K S T R E M A L U S R H A
F U T U R I S T I N I S Q A
C H E M I K A L A I N F N F
```

ATOMINIS
KNYGA
CHEMIKALAI
KINAS
KLONAI
DISTOPIJA
SPROGIMAS
EKSTREMALUS
FANTASTINIS
UGNIS

FUTURISTINIS
GALAKTIKA
ILIUZIJA
PASLAPTINGAS
ORACLE
PLANETA
ROBOTAI
TECHNOLOGIJA
UTOPIJA

58 - Geometry

```
T  Ó  Y  J  Y  Q  O  R  H  I  S  C  E  S
P  E  L  O  G  I  K  A  O  S  Ė  S  V  K
R  M  O  M  S  U  I  Š  R  I  V  A  P  A
O  A  I  R  S  L  N  T  I  R  I  P  S  I
P  T  S  T  I  A  L  R  Z  E  E  M  E  Č
O  M  K  H  T  J  M  I  O  M  R  A  G  I
R  E  E  Z  G  I  A  K  N  U  K  K  M  A
C  N  R  O  Y  R  Z  A  T  N  R  M  E  V
I  Y  S  N  L  T  D  M  A  P  A  A  N  I
J  S  M  A  Q  E  S  P  L  S  T  S  T  M
A  F  E  S  H  M  I  I  U  O  A  Ė  A  A
R  O  N  V  C  I  V  S  S  R  S  L  S  S
S  P  S  V  T  S  I  T  Š  K  U  A  M  A
A  M  E  D  I  A  N  A  Z  G  S  K  V  E
```

KAMPAS
SKAIČIAVIMAS
RATAS
KREIVĖ
SKERSMENS
MATMENYS
LYGTIS
AUKŠTIS
HORIZONTALUS
LOGIKA

MASĖ
MEDIANA
NUMERIS
PROPORCIJA
SEGMENTAS
PAVIRŠIUS
SIMETRIJA
TEORIJA
TRIKAMPIS

59 - Creativity

```
J S A K Š I T A M A R D Į I
B T Ė T O U D Z I A V C S Š
P O J Ū T I S Ė Q Q Q J P R
E M O C I J O S J H H R Ū A
I I Z H K B O S J O B Z D I
N Š E L R I F E Q Q S F I Š
T R T A I Š K U M A S R S K
U A A V S A M I P Ė V K Į A
I D K A I Q E I M E I P E S
C I U I D Z N U D B A C F F
I N M Z Ū D I D G U S B M Z
J G A D G K N O K L I C Q Q
A A S A Į N I M C T S F E U
T S V S Z P S O J I Z I V K
```

MENINIS
AIŠKUMAS
DRAMATIŠKAS
EMOCIJOS
IŠRAIŠKA
TAKUMAS
IDĖJOS
VAIZDAS

VAIZDUOTĖ
ĮSPŪDIS
ĮKVĖPIMAS
INTUICIJA
IŠRADINGAS
POJŪTIS
ĮGŪDIS
VIZIJOS

60 - Airplanes

```
N U O T Y K I S I D N U V B
A K I D M R Y A S I U Z A A
O T R V I N J T T Z S F N L
M Z M Y G I K G O A I H D I
I F G O P N L I R I L D E O
V K S V S T L A I N E V N N
O R A S A F I R J A I A I A
R F T I R A E S A S D R L S
K N O V U U D R F Į I I I E
Š L L I K K A G A G M K S K
I S I E M Š N Q R U A L Q F
F N P L G T G S H L S I G B
C O O E Q I U N G A G S L M
U K C K D S S S T A T Y B A
```

NUOTYKIS   KURAS
ORAS   AUKŠTIS
ATMOSFERA   ISTORIJA
BALIONAS   VANDENILIS
STATYBA   IŠKROVIMO
ĮGULA   KELEIVIS
NUSILEIDIMAS   PILOTAS
DIZAINAS   SRAIGTAS
KRYPTIS   DANGUS
VARIKLIS

61 - Ocean

```
K R U H C B D I S A R D U A
O I Ė N I P M E K Š Z H B K
R F Z N G B B Ė R T S U A S
A A S A N U T A F U A D Y U
L S I V U Ž R S N O B A C R
Ų B A N G A P Y Z N A Y V D
R Y K L Y S Q L S K R M I E
M D Y K I G G Ž Z O K D C A
E S H N O Z P Ė D J Z O E I
D N Q T H D H V K I J B D N
Ū L Ų I L B M U D S O R Ū J
Z U T K K R E V E T Ė S N B
A D U M B L I A I H H R A N
L O T T R V D E L F I N A S
```

DUMBLIAI	DRUSKA
KORALŲ	JŪROS DUMBLIŲ
KRABAS	RYKLYS
DELFINAS	KREVETĖS
UNGURYS	KEMPINĖ
ŽUVIS	AUDRA
MEDŪZA	BANGA
AŠTUONKOJIS	TUNAS
AUSTRĖ	VĖŽLYS
RIFAS	

62 - Birds

```
K P I N G V I N A S G M A O
F B D G P E L I K A N A S P
V A R N A D I O R G A P Y O
T I J D V I Š T A Ū I F N V
Ž V I R B L I S O P K U R A
I K S S A G N I M A L F A S
O I A T M K T L Q P T Y G Ž
B P D N R Z I E F J O A Q Ą
Ė F B J A U L R K M U P L S
T M J S T R T E A C C O B Ų
U S P B Z I A I Q S A Z I T
G A N D R A S I S U N L B J
E K I A U Š I N I S P M Q P
G U L B Ė F J A N T I S Z J
```

KANARAI
VIŠTA
VARNA
GEGUTĖ
ANTIS
ERELIS
KIAUŠINIS
FLAMINGAS
ŽĄSŲ
KIRAS

GARNYS
STRUTIS
PAPŪGA
POVAS
PELIKANAS
PINGVINAS
ŽVIRBLIS
GANDRAS
GULBĖ
TOUCAN

63 - Art

```
K S A M E T P Q H N Q S F O
M I K S A E A G H N A U G R
U M I E M U Q P Z L D D V I
P B Š Į R E Z T Y Y N Ė A G
A O R K K A N M Q B L T I I
P L A V U R M I Q O A I Z N
R I I Ė R Ū D I N P H N D A
A S Š P T T O K I R G U L
S U K T I P C H F O S A O U
T D A A E L C A A P S S T S
A K S S Y U F I G Ū R A I O
S Y M V F K P O E Z I J A C
Y J B S L S S U D Ė T I S V
N U O Š I R D U S G J H M H
```

KERAMIKOS	TAPYBA
SUDĖTINGAS	ASMENINIS
SUDĖTIS	POEZIJA
KURTI	VAIZDUOTI
IŠRAIŠKA	SKULPTŪRA
FIGŪRA	PAPRASTAS
NUOŠIRDUS	TEMA
ĮKVĖPTAS	SIMBOLIS
ORIGINALUS	

64 - Nutrition

```
F E R M E N T A C I J A A T
B A L T Y M A I V B Z Q P O
K A R T I S V E I K A S E K
S A M I N I K Š R I V N T S
K P R I E S K O N I A I I I
Y V A L G O M A S T H N T N
S Q Z I A I Č O R P Į V A A
Č V V H R T A I S K Z Z S S
I S U B A L A N S U O T A S
A I Ė B Y K O K D G T G Ž V
I N Q O G B Ų J I R O L A K
K O C T B I R H E E G R D Y
K K S A N I M A T I V Z A M
N S I R O V S U A N P S P S
```

APETITAS
SUBALANSUOTAS
KARTI
KALORIJŲ
DIETA
VIRŠKINIMAS
VALGOMAS
FERMENTACIJA
SKONIS
ĮPROČIAI

SVEIKATA
SVEIKAS
SKYSČIAI
BALTYMAI
KOKYBĖ
PADAŽAS
PRIESKONIAI
TOKSINAS
VITAMINAS
SVORIS

65 - Hiking

```
T  J  B  F  I  R  O  R  B  A  T  A  I  K
H  F  R  D  R  I  R  K  A  L  N  A  S  L
M  Z  A  J  I  C  A  T  N  E  I  R  O  I
J  I  Z  E  V  G  S  D  E  O  O  F  L  M
I  A  N  Ū  V  Y  G  J  O  I  J  S  Z  A
A  K  M  E  N  Y  S  S  A  U  L  Ė  H  T
V  R  L  A  U  K  I  N  Ė  J  O  R  F  A
O  A  U  D  G  C  K  D  K  L  L  Z  S  S
D  P  S  V  A  N  D  U  O  G  D  F  U  R
A  J  U  S  I  A  J  O  V  A  P  R  N  C
V  C  D  S  I  P  A  L  Ė  M  E  Ž  K  C
P  A  V  A  R  G  Ę  S  N  T  O  O  U  Q
U  O  L  O  S  H  L  I  C  A  C  S  S  V
N  P  A  R  U  O  Š  I  M  A  S  E  C  I
```

GYVŪNAI	GAMTA
BATAI	ORIENTACIJA
UOLOS	PARKAI
KLIMATAS	PARUOŠIMAS
VADOVAI	AKMENYS
PAVOJAI	SAULĖ
SUNKUS	PAVARGĘS
ŽEMĖLAPIS	VANDUO
UODAI	ORAS
KALNAS	LAUKINĖ

66 - Professions #1

```
M U Z I K A N T A S D P B A
S C S A J Ė V U I S E I A S
M E D Ž I O T O J A S A N T
G B S I R E N E R T I N K R
I Y K K A V U C L A V I I O
Š G D H J G Z Y A K I S N N
O G P Y O Y E A T O E T I O
K T H V T J E T I V R A N M
Ė D B V Y O U S Z D Ū S K A
J F J G G E J T B A J C A S
A A Q G U Z B A S D P U S L
J B E D A U N I S N E G N O
S A G O L O H C I S P D N K
Y Q J U S A G O L O E G V Z
```

ASTRONOMAS
ADVOKATAS
BANKININKAS
TRENERIS
ŠOKĖJA
GYDYTOJAS
GEOLOGAS

MEDŽIOTOJAS
MUZIKANTAS
SLAUGYTOJA
PIANISTAS
PSICHOLOGAS
JŪREIVIS
SIUVĖJAS

67 - Barbecues

```
P Q F D G M G H B M F U V P
N Y P R C A Š A K Ė S M A O
E L I A M I D I A Ž G U K M
V B D U D S U I S I A V A I
B P O G O T O P A K S U R D
J A R A S A V T E E Y Z I O
A S D I R S D L O I A Y E R
M L I A K I A V G L L T N A
A E Y Z S T N C P I A I Ė I
K A R Š T A M I E Š Z S A N
P A D A Ž A S C Z K L O V I
T T Y V I Š T A M U Z I K A
G R I L I S Ė V O Ž R A D J
I I J O C A U S N G M V G O
```

VIŠTA   KARŠTA
VAIKAI   BADAS
VAKARIENĖ   PEILIAI
ŠEIMA   MUZIKA
MAISTAS   SALOTOS
ŠAKĖS   DRUSKA
DRAUGAI   PADAŽAS
VAISIUS   VASARA
ŽAIDIMAI   POMIDORAI
GRILIS   DARŽOVĖS

68 - Chocolate

```
M S U R K U C G H Z V B F J
K I A V A K A K Z M F J S M
R A L L K A R A M E L Ė Q O
E T R T D D A V A L G Y T I
C U K T E U V S J E A A E I
E Š O T I L S A T A M O R A
P E K R S K I M T L H M C I
T I Y O K A S A S O K O K N
A R B Š A L F T I C S O H I
S N Ė K N O D S N T C V K A
N Y R I U R P G O S M O E D
R M N M S I A Ė K T O P Y L
M F M A F J N M S O B C B A
D K Y S F Ų Y E N A H H N S
```

AROMATAS
KARTI
KAKAVA
KALORIJŲ
SALDAINIAI
KARAMELĖ
KOKOSAS
TROŠKIMAS
SKANUS

MĖGSTAMAS
RIEŠUTAI
MILTELIAI
KOKYBĖ
RECEPTAS
CUKRUS
SALDUS
SKONIS
VALGYTI

69 - Vegetables

```
R  D  T  L  S  A  R  E  I  B  M  I  S  T
T  I  K  I  Ų  I  G  O  U  V  Y  L  A  F
N  A  D  F  R  M  G  U  S  D  T  L  L  M
A  I  A  I  L  O  K  O  R  B  H  T  I  P
M  B  E  Q  K  J  J  B  G  K  C  G  E  E
Q  P  Y  Z  U  A  K  R  O  M  A  N  R  T
Ž  I  R  N  I  S  S  V  M  I  V  S  A  R
Q  L  C  C  O  B  S  O  T  O  L  A  S  A
L  K  I  G  J  E  U  Q  F  T  F  N  A  Ž
D  S  A  N  A  Ž  A  L  K  A  B  Ū  B  O
M  O  L  I  Ū  G  A  S  V  A  O  G  Y  L
A  R  T  I  Š  O  K  A  S  Ė  P  O  R  Ė
Š  P  I  N  A  T  A  I  N  B  S  V  G  S
Q  Č  E  S  N  A  K  A  I  T  K  S  M  G
```

ARTIŠOKAS	SVOGŪNAS
BROKOLIAI	PETRAŽOLĖS
MORKA	ŽIRNIS
SALIERAS	BULVĖ
AGURKAS	MOLIŪGAS
BAKLAŽANAS	RIDIKAS
ČESNAKAI	SALOTOS
IMBIERAS	ŠPINATAI
GRYBAS	ROPĖ
ALYVUOGIŲ	

70 - The Media

```
P U U Ž U R N A L A S Q K I
I R T I N K L A S L A M O N
N L I V H P T B B E M H M D
D A A S I O L A J I I F E U
I I T O I E S V H D T P R S
V K K K V J T Q G I E O C T
I R A U V C U O E M I Ž I R
D A F A J I E N S A V I N I
U Š F R S D E K G S Š Ū I J
A Č S T I F E Š E Ę Y R S A
L I P O H O P D A Y S I C V
U A N U N U O M O N Ė A U P
S I G N R A D I J A S I S Y
S K A I T M E N I N I S K L
```

POŽIŪRIAI	ŽURNALAS
KOMERCINIS	TINKLAS
SKAITMENINIS	LAIKRAŠČIAI
LEIDIMAS	PRISIJUNGĘS
ŠVIETIMAS	NUOMONĖ
FAKTAI	NUOTRAUKOS
INDIVIDUALUS	VIEŠA
INDUSTRIJA	RADIJAS
VIETOS	

71 - Boats

```
B R H D A J H P B S V K B U
A U J K K A S L E A L U G Į
N P M E U C M A F N O S Z K
G Ė I L A H Y U K Y S A O J
A H M T L T T S I N I R Ū J
S R F A P A N T C E L U V N
I T Ū S E J Q A U D K D I S
V F L J I Z Ū S P N I Ū R T
I N K A R A S R S A R L V I
A C D J P G A C E V A P Ė E
L S O O M D R I A I V Y Y B
R K G N G H E U I Y V G Y A
U A L A J N Ž I L S O I N S
B S I K B M E A J G A I S K
```

INKARAS
PLŪDURAS
KANOJA
ĮGULA
PRIEPLAUKA
VARIKLIS
KELTAS
EŽERAS
STIEBAS
JŪRINIS

VANDENYNAS
PLAUSTAS
UPĖ
VIRVĖ
BURLAIVIS
JŪREIVIS
JŪRA
BANGA
JACHTA

72 - Driving

```
S A R U K Ž E M Ė L A P I S
A T L I C E N C I J A U H S
M U A V A R I K L I S T C U
S P T B K E L I A S L E B N
I A O O D P A V O J U S G K
E V O L M Ž K F M N I I F V
H A R S I O I S M Y B T P E
N R E P Y C B A H O U I Ė Ž
J I Q R G O I I I G I E S I
L J J G V B P J L Q V R Č M
S A M U G U A S A I O G I I
M O T O C I K L A S S G Ų S
G A R A Ž A S O J U D Q J G
V A I R U O T O J A S Z Ų B
```

AVARIJA
STABDŽIAI
AUTOMOBILIS
PAVOJUS
VAIRUOTOJAS
KURAS
GARAŽAS
DUJOS
LICENCIJA
ŽEMĖLAPIS

VARIKLIS
MOTOCIKLAS
PĖSČIŲJŲ
POLICIJA
KELIAS
SAUGUMAS
GREITIS
EISMAS
SUNKVEŽIMIS

73 - Professions #2

```
F  B  I  O  L  O  G  A  S  M  I  G  N  A
K  O  M  I  K  K  K  Z  S  O  L  Y  D  S
A  O  T  F  S  S  S  J  A  K  L  D  E  T
L  D  P  O  A  U  F  L  J  Y  U  Y  T  R
B  O  I  L  G  J  K  S  O  T  S  T  E  O
I  N  L  J  R  R  S  S  T  O  T  O  K  N
N  T  O  R  U  C  A  A  Y  J  R  J  T  A
I  O  T  D  R  N  K  F  Ž  A  A  A  Y  U
N  L  A  M  I  J  N  O  A  S  T  S  V  T
K  O  S  T  H  Z  I  S  D  S  O  R  A  A
A  G  P  G  C  I  N  O  T  V  R  L  S  S
S  A  S  A  T  S  I  L  A  N  R  U  Ž  C
L  S  H  V  S  A  K  I  M  E  H  C  G  O
D  U  L  F  O  R  Ū  F  Q  Z  T  N  B  P
```

ASTRONAUTAS	KALBININKAS
BIOLOGAS	DAŽYTOJAS
CHEMIKAS	FILOSOFAS
ODONTOLOGAS	FOTOGRAFAS
DETEKTYVAS	GYDYTOJAS
ŪKININKAS	PILOTAS
ILLUSTRATOR	CHIRURGAS
ŽURNALISTAS	MOKYTOJAS

74 - Mythology

```
K Ū R I M A S S Y D L P J A
P A D A R A S A T A A A Q R
L E G E N D A N Q N B V D C
Ž A I B A S S I I G I Y I H
N S K H Y O Y T J U R D E E
E Y T J E S J R A S I A V T
L S A M U R P I T S N S Y I
A E M B A J O M D A T Y B P
I G P N F N C J K I A R Ė A
M L A A R Ū T L U K S A D S
Ė E K E R Š T A S S I K S R
N E M I R T I N G U M A S N
G R I A U S T I N I S L F J
B Z B M O N S T R A S R R C
```

ARCHETIPAS
ELGESYS
KŪRIMAS
PADARAS
KULTŪRA
DIEVYBĖ
NELAIMĖ
DANGUS
HEROJUS
NEMIRTINGUMAS

PAVYDAS
LABIRINTAS
LEGENDA
ŽAIBAS
MONSTRAS
MIRTINAS
KERŠTAS
STIPRUMAS
GRIAUSTINIS
KARYS

75 - Hair Types

```
G  Š  V  I  E  S  Ū  S  J  S  P  L  P  K
Q  A  G  Z  I  L  B  V  U  M  M  H  Z  D
C  D  R  G  T  S  A  T  O  V  L  A  P  S
T  U  H  B  J  A  I  S  D  R  O  V  Q  A
M  R  K  S  A  T  O  N  A  B  R  A  G  K
I  S  U  T  Ė  N  Y  P  P  A  U  R  R  I
N  T  L  M  K  I  O  S  A  U  S  A  S  L
K  O  L  L  P  P  Z  S  P  R  A  K  S  P
Š  R  I  R  S  A  T  L  A  B  N  L  V  A
T  A  F  K  Z  N  S  H  U  G  O  I  E  S
A  S  A  T  O  U  G  N  A  B  L  P  I  S
S  C  J  Y  N  L  B  L  S  P  P  I  K  V
J  T  U  S  V  E  G  N  Y  Z  H  M  A  R
R  N  V  B  L  S  T  S  D  B  Q  P  S  H
```

PLIKAS	PILKA
JUODA	SVEIKAS
ŠVIESŪS	ILGAS
PINTAS	BLIZGA
PYNĖ	TRUMPAS
RUDA	MINKŠTAS
SPALVOTAS	STORAS
GARBANOS	PLONAS
GARBANOTAS	BANGUOTAS
SAUSAS	BALTAS

76 - Garden

```
F P I G Ė L Ė T O D E U D O
V D I Q V K O U E R I F E Y
G E Q I E R E K A Ž N I T Q
G P J S R Ū P J P A O E C K
V I U A A M C N N I Ų L O U
Y K E V N A N R A Ž S F Ė T
N T S U D S A K A M A H G V
M Ž A T A A O S Y N L N I E
E O D S A Ž A R A G O S L N
D L O A A P Q S A O U R D K
I I S K S R Y C S M S B M I
S Ų Q S I D E M J Q I K Z N
E H V L R V S T V O R A P Y
B A T U T A S Y L B Ė R G S
```

SUOLAS	TVENKINYS
KRŪMAS	VERANDA
TVORA	GRĖBLYS
GĖLĖ	UOLŲ
GARAŽAS	KASTUVAS
SODAS	TERASA
ŽOLĖ	BATUTAS
HAMAKAS	MEDIS
ŽARNA	VYNMEDIS
VEJA	PIKTŽOLIŲ

77 - Diplomacy

```
T Y C Ė Z C J P S P O S V B
S E M B F Z I C V I K P I E
P E I Y E F D H A L E R E N
K A G S J N F M D I A E N D
O J T U I F Z D A E A N T R
N I N A Z N E S S Č J D I I
F C G I R D G Y A I I I S J
L U H R L Ė N U B Ų S M U A
I I I Y P Y J I M A U A M F
K L F V D I O A A A K S A K
T O S V D O A K S A S T S G
A Z T V J M O I N E I S Ž U
S E K A L B A T H A D Q V G
T R J N L N C E P A T Y R Q
```

PATARĖJAS   UŽSIENIO
PILIEČIŲ   VYRIAUSYBĖ
BENDRIJA   VIENTISUMAS
KONFLIKTAS   TEISINGUMAS
DISKUSIJA   KALBA
AMBASADA   REZOLIUCIJA
ETIKA   SPRENDIMAS

78 - Countries #1

```
B I P S E N E G A L A S E L
U R T A E G I P T A S T A A
K E A A N J D S U O M I J A
A H L Z L A J I K N E L I J
N I E E I I M B N M G Z T I
A A U D U L J A Q H T L E N
D J S B T L I A U P I I I U
A I E A G H Z J S H Z B K M
F N N J K A E D A I R I O U
M A E I M E B L K R A J V R
A P V V Z R I V O A E A N H
N S F T R T A B R K L Y I M
N I K A R A G V A A I H B D
Y Y D L F V A H M S S O D F
```

BRAZILIJA	LIBIJA
KANADA	MAROKAS
EGIPTAS	NIKARAGVA
SUOMIJA	PANAMA
VOKIETIJA	LENKIJA
IRAKAS	RUMUNIJA
IZRAELIS	SENEGALAS
ITALIJA	ISPANIJA
LATVIJA	VENESUELA

79 - Adjectives #1

```
S N T S T M D J A A F P N S
A V S Q L L E V G C P L U U
R E A G O C A N N J A O O N
O G G R R A T T I U G N Š K
M Z N P B S E A T N N A I U
A O I A M U Z S R V I S R S
T T C T O T L C U I D S D R
I I I R D U N Ė T Q U U U I
N Š B A E I K J T R A S S M
I K M U R L V S V A N M Z T
Ų A A K N O H F U F I A J A
M S U L U S G R A Ž I T E S
H I J U S B T A P A T U S Q
A B R S L A I M I N G A S O
```

ABSOLIUTUS
AMBICINGAS
AROMATINIŲ
MENINIS
PATRAUKLUS
GRAŽI
TAMSUS
EGZOTIŠKAS
TURTINGA
LAIMINGAS

SUNKUS
NAUDINGA
NUOŠIRDUS
TAPATUS
SVARBU
MODERNUS
RIMTAS
LĖTAI
PLONAS

80 - Rainforest

```
I  A  I  Ž  D  Z  B  A  V  I  Y  M  T  G
I  Š  P  A  U  K  Š  Č  I  Ų  Ų  C  N  R
Š  D  L  Y  G  S  A  T  A  M  I  L  K  E
S  R  Ž  I  T  T  Z  M  R  M  V  F  R  A
A  J  Ū  I  K  Z  S  F  N  P  Y  M  Q  P
U  Q  B  Š  U  I  N  A  J  B  G  G  N  C
G  Q  J  C  I  N  M  P  A  G  A  R  B  A
O  C  M  I  H  S  G  A  B  T  I  S  Q  D
J  G  A  M  T  A  P  L  S  T  L  O  M  E
I  S  V  J  Y  T  I  N  Ė  G  R  N  H  B
M  B  E  N  D  R  I  J  A  S  A  A  R  E
A  Į  V  A  I  R  O  V  Ė  G  V  M  D  S
S  O  K  I  N  A  T  O  B  Y  I  A  Y  Y
P  R  I  E  G  L  O  B  S  T  I  S  I  S
```

VARLIAGYVIŲ	DŽIUNGLĖS
PAUKŠČIŲ	SAMANOS
BOTANIKOS	GAMTA
KLIMATAS	IŠSAUGOJIMAS
DEBESYS	PRIEGLOBSTIS
BENDRIJA	PAGARBA
ĮVAIROVĖ	RŪŠIS
VABZDŽIAI	IŠLIKIMAS

81 - Landscapes

```
P S Y Q K U U J E H S P C T
V E A R Ū J R S A N L A K G
M A L L F G U V Ř J Ė J G R
C D G K A H Y H A D N L E P
V T A U Ė Z S A M S I L I P
T U N D R A A E U A S E Z L
Y O S C J H N O K N O D E E
Z L F G G N Y L Y A L K R E
R O C M Y R N P D K O A I Y
K L S S A R E Ž E L U L S N
D I S G R U D M D U O N F A
N E K S J Y N G O V A I K S
P U S I A S A L I S Z S L E
H J L F F F V P T F Ė P U Y
```

URVAS	OAZĖ
UOLOS	VANDENYNAS
DYKUMA	PUSIASALIS
GEIZERIS	UPĖ
LEDYNAS	JŪRA
LEDKALNIS	PELKĖ
SALA	TUNDRA
EŽERAS	SLĖNIS
KALNAS	VULKANAS

82 - Visual Arts

```
T R A F A R E T A S S S O Q
M S A R V E D E Š J I I G E
O A K M A K K F R F T L O P
L M P U I M R E U B Ė K O Q
B U I B L M Z E U Y D I V M
E K E J S P R B I P U Š A K
R Š Š M N B T P M D S A Š S
T I T H F O F Ū N E A R K B
A B U Z I A A O R U C Y A L
S Y K I L B V S Q A P O S B
S R A K M Y A N G L I S K Z
V Ū S G A P O R T R E T A S
O K G C S A K E R A M I K A
A R C H I T E K T Ū R A A Z
```

ARCHITEKTŪRA	ŠEDEVRAS
KERAMIKA	TAPYBA
KREIDA	RAŠIKLIS
ANGLIS	PIEŠTUKAS
MOLIS	PORTRETAS
SUDĖTIS	SKULPTŪRA
KŪRYBIŠKUMAS	TRAFARETAS
MOLBERTAS	VAŠKAS
FILMAS	

83 - Plants

```
Z G M Z T U A J U G K P B A
P E K I F L O R A Ė J U A U
B B S K Š K I Y V L Y P M G
Q E O R F K T L R Ė G E B M
G N Š Ū U V A S U L K L U E
B Ė Ą M U O Z S E O N I K N
G O R A J I P A L Ž G Ų A I
J Q T S A S U T K A K A S J
S O N A M A S A U Q G N G A
M P A B N K V N T C K Y E K
G O I E S I P A L D E I Ž N
V L A I D R K S O D A S M O
R H M T D Y P A N Q L G M C
F R B S I N K A Š M E D I S
```

BAMBUKAS	MIŠKAS
PUPELIŲ	SODAS
UOGA	ŽOLĖ
BOTANIKA	GEBENĖ
KRŪMAS	SAMANOS
KAKTUSAS	ŽIEDLAPIS
TRĄŠOS	ŠAKNIS
FLORA	STIEBAS
GĖLĖ	MEDIS
LAPIJA	AUGMENIJA

84 - Boxing

```
S A M U R P I T S G C K S E
T E I S Ė J A S P R B U M D
V Q V N A G M I I E S M A D
A A T A Š K Ų D R I Ę Š K C
D L R Q B C N Ū T T K T R I
D Ė K P Q N C G I A E I A D
J F M Ū A Y O Ļ B I S S S B
A J M E N S Ė N I T Š R I P
O Z I F S Ė B G Y Q I L Z K
E C V Q Z I A N Y L A C C A
K P Z K Z Y O O K Ū N A S M
P R I E Š I N I N K A S J P
K O V O T O J A S G L N M A
A T K Ū R I M O I V L Q A S
```

VARPAS	SPIRTI
KŪNAS	PRIEŠININKAS
SMAKRAS	TAŠKŲ
KAMPAS	GREITAI
ALKŪNĖ	ATKŪRIMO
IŠSEKĘS	TEISĖJAS
KOVOTOJAS	LYNAI
KUMŠTIS	ĮGŪDIS
DĖMESIO	STIPRUMAS
PIRŠTINĖS	

85 - Countries #2

```
N O J H G P A V U P G E N F
I A A I S A J I N A D T E F
G S M I U K I S A V M I P M
E E A A D I K Y J H G O A E
R F I D A S I T I A H P L K
I B K O N T A Y N J Y I A S
J R A J A A R D O I M J S I
A K O C S N G Z P R L A A K
N M B G A A P U A E I J S A
I N U D A S I A J B B I O I
A L B A N I J A F I A S A U
R S O M A L I S U L N U L O
K I I Y S I R I J A A R L R
U M O T D T O L S U S C M O
```

ALBANIJA	MEKSIKA
DANIJA	NEPALAS
ETIOPIJA	NIGERIJA
GRAIKIJA	PAKISTANAS
HAITIS	RUSIJA
JAMAIKA	SOMALIS
JAPONIJA	SUDANAS
LAOSAS	SIRIJA
LIBANAS	UGANDA
LIBERIJA	UKRAINA

86 - Ecology

```
L K V Z D F T V P C U N P I
I Z A J I N E M G U A A E G
Š S R L E M Z E Ė Z K T L U
T Q O I N G E B V D S Ū K T
E P L G F A K U O C I R Ė Q
K F F O M Q I A R U N A R B
L Q D R I S A M I K I L Š I
I B U V E I N Ė A J L U S A
A T M A G Š U V V Ū U S A L
I A K N L Ū A J Į R A U U A
I U L H E R F J S Ų S R S G
U G K L I M A T A S A A R U
S A V A N O R I A I P V A A
V S F Q V U T L I T E T J R
```

KLIMATAS
ĮVAIROVĖ
SAUSRA
FAUNA
FLORA
PASAULINIS
BUVEINĖ
JŪRŲ
PELKĖ
KALNAI

NATŪRALUS
GAMTA
AUGALAI
IŠTEKLIAI
RŪŠIS
IŠLIKIMAS
TVARUS
AUGMENIJA
SAVANORIAI

87 - Adjectives #2

```
R S S A K Š I T N A G E L E N
N S Z D S A T S I U G E I M
A A N C O S R P M D A G N S
P G T I U A D Š Z Q L A S V
R N A Ū N S D S T Y K R A E
A I S H R U Z I P A A S G I
Š T I Ū T A H T D Z N U N K
O N N S R S L O N O A S I A
M E I T F U I U Z C S C K S
A L B I B M S I S A J U A N
S A Y P J O L Ž H C E N S J
I T R R V D G D S A U F T Z
S U Ū U E Ļ F I B A L G A R
R U K S E L U D R D M H L P
```

KŪRYBINIS
APRAŠOMASIS
SAUSAS
ELEGANTIŠKAS
GARSUS
TALENTINGAS
SVEIKAS
KARŠTA
ALKANAS

ĮDOMUS
NATŪRALUS
NAUJAS
DIDŽIUOTIS
ATSAKINGAS
SŪRUS
MIEGUISTAS
STIPRUS

88 - Psychology

```
Y  P  C  M  M  S  A  M  I  N  I  Ž  A  P
Y  N  Z  S  I  I  J  S  T  D  P  V  Q  Y
P  B  Y  N  N  U  I  P  M  T  S  Ė  F  I
S  O  I  Q  T  J  P  R  E  E  I  T  R  D
O  V  J  V  Y  K  A  O  M  S  N  S  K  H
Y  Z  A  Ū  S  K  R  B  O  Ą  I  Y  Ė  K
E  Z  J  J  T  H  E  L  C  M  K  K  B  S
G  Y  R  S  O  I  T  E  I  O  I  I  Y  Ė
O  Z  S  G  O  N  S  M  J  N  N  A  L  R
D  Z  E  V  B  K  E  A  O  Ė  I  V  A  I
E  L  G  E  S  Y  S  S  S  L  T  E  U
K  O  N  F  L  I  K  T  A  S  K  Q  R  C
P  A  S  Ą  M  O  N  Ė  I  D  Ė  J  O  S
P  A  S  K  Y  R  I  M  A  S  Q  V  Y  A
```

PASKYRIMAS	IDĖJOS
ELGESYS	ASMENYBĖ
VAIKYSTĖ	PROBLEMA
KLINIKINIS	REALYBĖ
PAŽINIMAS	POJŪTIS
KONFLIKTAS	PASĄMONĖ
SVAJONES	TERAPIJA
EGO	MINTYS
EMOCIJOS	SĄMONĖS

89 - Math

```
L Y G T I S R O D I K L I S
G E O M E T R I J A B Z E U
M G Y K S I M E T R I J A I
L D G A F R A K C I J A S U
P J F M A Y B S R B S T N A
Q D O P S A R T E M I R E P
D S Y A A Q T I N P P H M T
G I U I T Q R N Y U M Z S Y
L Y G I A G R E Č I A I R T
T M V D R I A O J L K M E E
O S B I D Y I A I Č I A K S
M I I I A Q K K H J R V S C
A C A K V K Y S K D T E P J
S F N K K P O L I G O N A S
```

KAMPAI	LYGIAGREČIAI
SKERSMENS	PERIMETRAS
SKYRIUS	POLIGONAS
LYGTIS	KVADRATAS
RODIKLIS	SIMETRIJA
FRAKCIJA	TRIKAMPIS
GEOMETRIJA	TOMAS
SKAIČIAI	

90 - Water

```
Y B K G A R A I D E H D G M
T L L A E A A U Q Ž B A Z U
S Y V O N S Z P Q E J A S S
L N B G E A K D C R R K B O
G P I L C N L A N A D T R N
A O A E I A C A C S Z B S A
R T D B G G C I S A Š U D S
A V R A S A M A I R E G B U
V Y Ė N J R S D R U P Ė D E
I N G G G U T M E Š A L T A
M I N O Z J I H Z N T T P V
A S A S V F K Y I L E D A S
S U S S A N Y N E D N A V M
L I E T U S Ė M G Ė R D O U
```

KANALAS   DRĖGMĖ
DRĖGNAS   MUSONAS
GERIAMAS   VANDENYNAS
GARAVIMAS   LIETUS
POTVYNIS   UPĖ
ŠALTA   DUŠAS
GEIZERIS   SNIEGAS
URAGANAS   GARAI
LEDAS   BANGOS
EŽERAS

91 - Activities

```
F O T O G R A F I J A Š K M
Y D I Z D K E B N J J O E E
Ž A I D I M A I Y P I K R D
T Q V V I U Y J V P G T A Ž
K K Y N M K L Y F S A I M I
M A L O N U M A S A M T I O
A Ž N S U S E R E T N I K K
M Y S A B Y J E V Ž R V A L
A G C M V E I K L A K Y D Ė
T I S I K I A L A V S I A L
A A F V M E U M E N A S N O
I I L U Ļ G Ū D I S L G I Q
S K A I T Y M A S T T O Y V
N Q C S A M I G Z E M D D R
```

VEIKLA
MENAS
KERAMIKA
AMATAI
ŠOKTI
ŽVEJYBA
ŽAIDIMAI
ŽYGIAI
MEDŽIOKLĖ
INTERESUS

MEZGIMAS
LAISVALAIKIS
MAGIJA
TAPYBA
FOTOGRAFIJA
MALONUMAS
SKAITYMAS
SIUVIMAS
ĮGŪDIS

92 - Business

```
D A R B D A V Y S K C T H P
S F S G A M Y K L A C Y K A
O N T A K I M O N O K E S J
B E N D R O V Ė G P J D A A
P P C D D U V A D O V A S M
A P A J I C I T S E V N I O
R A I B R K K B M N J A V S
D P I N P A R D U O T U V Ė
A R B G I K A R J E R A L V
V E K P B G V A L I U T A O
I K V C Q P A D I A L O U N
M Ė E L V Q V I Y S H O S B
A N I A K F I N A N S A I G
S Z D A R B U O T O J A S M
```

KARJERA

BENDROVĖ

KAINA

VALIUTA

NUOLAIDA

EKONOMIKA

DARBUOTOJAS

DARBDAVYS

GAMYKLA

FINANSAI

PAJAMOS

INVESTICIJA

VADOVAS

PREKĖ

PINIGAI

BIURAS

PARDAVIMAS

PARDUOTUVĖ

93 - The Company

```
I  R  K  P  A  J  A  M  O  S  G  K  O  T
T  D  I  O  M  M  I  J  S  J  S  J  T  N
E  D  C  Z  K  M  L  S  A  Q  A  F  V  U
P  K  M  Q  I  Y  G  A  L  I  M  Y  B  Ė
R  R  H  M  A  K  B  Q  S  P  U  I  I  P
E  K  O  L  J  P  A  Ė  R  R  T  Š  N  A
P  Ū  V  G  I  G  Q  I  E  O  M  T  O  S
U  R  I  Y  R  N  Q  Q  V  D  I  E  V  A
T  Y  E  J  T  E  R  S  Q  U  Ž  K  A  U
A  B  N  C  S  E  S  D  T  K  U  L  T  L
C  I  E  T  U  K  G  A  F  T  J  I  Y  I
I  N  T  T  D  O  I  F  S  A  K  A  V  N
J  I  Ų  N  N  K  F  N  D  S  V  I  I  I
A  S  P  R  I  S  T  A  T  Y  M  A  S  S
```

VERSLAS
KŪRYBINIS
UŽIMTUMAS
PASAULINIS
INDUSTRIJA
INOVATYVI
GALIMYBĖ
PRISTATYMAS

PRODUKTAS
PROGRESAS
KOKYBĖ
REPUTACIJA
IŠTEKLIAI
PAJAMOS
RIZIKA
VIENETŲ

94 - Literature

```
R  D  A  P  I  B  Ū  D  I  N  I  M  A  S
I  I  I  R  O  M  A  N  A  S  A  T  S  A
T  A  Š  S  T  I  L  I  U  S  F  I  U  T
M  L  V  Q  H  S  P  O  E  T  I  N  I  S
A  O  A  R  O  F  A  T  E  M  B  G  R  U
S  G  D  A  Z  Z  L  T  N  B  S  I  O  I
P  A  A  U  N  J  G  C  O  E  C  H  T  R
L  S  K  T  O  A  Y  F  H  D  H  J  K  O
T  R  D  M  I  P  L  J  S  N  K  S  I  T
R  E  V  Q  T  U  A  O  V  F  F  E  D  U
L  M  M  S  C  Z  R  R  G  T  S  T  N  A
Q  C  L  A  I  N  J  Ė  Z  I  L  A  N  A
U  Z  H  A  F  R  I  M  A  S  J  U  V  I
B  I  O  G  R  A  F  I  J  A  M  A  D  J
```

ANALOGIJA
ANALIZĖ
ANEKDOTAS
AUTORIUS
BIOGRAFIJA
IŠVADA
APIBŪDINIMAS
DIALOGAS
FICTION

METAFORA
DIKTORIUS
ROMANAS
POETINIS
RIMAS
RITMAS
STILIUS
TEMA

95 - Geography

```
P I E T Ų Š I A U R Ė J M T
J Ų P P A S A U L I S H E E
C R E K P Y T H C U S J R R
K A L N A S A T S E I M I I
H K P R Q O F G I Ė P U D T
T A Y D M F E S L A A R I O
R V K I C C E I U T L E A R
Ž E M Y N A S T T L Ė G N I
P L A T U M A Š U A M I A J
Q S U Š L K F K R S E O S A
Y A J A O U L U S A Ž N Q L
Y L U L J Ū R A U S Q A A U
B A J I F R I A P I A S R I
Q G N S V A N D E N Y N A S
```

AUKŠTIS	KALNAS
ATLASAS	ŠIAURĖ
MIESTAS	VANDENYNAS
ŽEMYNAS	REGIONAS
ŠALIS	UPĖ
PUSRUTULIS	JŪRA
SALA	PIETŲ
PLATUMA	TERITORIJA
ŽEMĖLAPIS	VAKARŲ
MERIDIANAS	PASAULIS

96 - Pets

```
U V A N D U O B A A S I I Ž
V O S Ė L K A K Y P A R P I
Q U D L P P F O I V K O A U
K Š L E U A Y G U B U K V R
A M E P G S P Y A Y I Ž A K
Č A T Ė T A K Ū E T N U D Ė
I I E I E Ž K C G Z U V Ė N
U S N J K E A Ž E A Š I L A
K T O I T I E B O D D S I S
A A S D O R K A R V Ė Y S P
S S Z I L D B Z V Q I L C E
V E T E R I N A R A S Ž R A
T R I U Š I S K V F E Ė Z H
L M L S U I E C V N F V I K
```

KATĖ	DRIEŽAS
APYKAKLĖ	PELĖ
KARVĖ	PAPŪGA
ŠUO	LETENOS
ŽUVIS	ŠUNIUKAS
MAISTAS	TRIUŠIS
OŽKA	UODEGA
ŽIURKĖNAS	VĖŽLYS
KAČIUKAS	VETERINARAS
PAVADĖLIS	VANDUO

97 - Jazz

```
P  K  U  M  M  S  N  Z  T  B  I  F  T  A
A  B  R  Ė  C  U  Y  Y  H  L  M  K  A  L
B  Ū  D  G  K  S  Z  H  F  A  P  O  L  B
R  G  V  S  I  R  F  I  N  Y  R  M  E  U
Ė  N  S  T  V  A  I  G  K  S  O  P  N  M
Ž  A  U  A  F  G  H  D  M  A  V  O  T  A
I  I  A  M  I  J  O  L  P  R  I  Z  A  S
M  A  N  A  M  N  A  K  R  T  Z  I  S  U
A  L  I  S  A  N  E  S  N  S  A  T  I  I
S  O  A  R  I  T  M  A  S  E  C  O  T  L
O  F  D  C  C  B  G  S  M  K  I  R  Ė  I
K  S  N  A  U  J  A  S  O  R  J  I  D  T
K  O  N  C  E  R  T  A  S  O  A  U  U  S
M  E  N  I  N  I  N  K  A  S  Z  S  S  Q
```

ALBUMAS	IMPROVIZACIJA
PLOJIMAI	MUZIKA
MENININKAS	NAUJAS
KOMPOZITORIUS	SENAS
SUDĖTIS	ORKESTRAS
KONCERTAS	RITMAS
BŪGNAI	DAINA
PABRĖŽIMAS	STILIUS
GARSUS	TALENTAS
MĖGSTAMAS	

98 - Nature

```
M D S T T P S A N Y D E L D
C S V S U K I A T Y B T E I
T Q D Ė S Ų Ž Ą R G O T A N
Q I Ė T C B O O D R G Q H A
L A P I J A R K R Ė S R E M
O K U B A T G R V N U Y R I
J Š R M H N R F Ū I H C O Š
V I M A R F L K Y K A Y Z K
U B L Q L I Z A H U A L I A
D Y A R K T I S K A O S J S
Y V G J Q B V O S L S O A C
S Y S E B E D L M I Š K A S
M G L P E M U O D Y K U M A
G Y V Ū N A I U M N Y P F J
```

GYVŪNAI	LAPIJA
ARKTIS	MIŠKAS
GROŽIS	LEDYNAS
BITĖS	KALNAI
UOLOS	TAIKUS
DEBESYS	UPĖ
DYKUMA	RAMI
DINAMIŠKAS	ATOGRĄŽŲ
EROZIJA	GYVYBIŠKAI
RŪKAS	LAUKINĖ

99 - Vacation #2

```
S  S  A  K  K  A  L  N  A  I  U  T  F  O
I  A  P  E  R  B  O  J  S  B  Ž  A  M  R
K  L  Y  L  P  V  R  J  D  V  S  K  A  O
I  A  R  I  B  A  Z  F  C  S  I  S  T  U
A  R  T  O  M  S  L  S  S  I  E  I  O  O
L  S  Y  N  I  K  U  A  R  T  N  N  S  S
A  K  A  Ė  O  B  E  M  P  E  I  I  T  T
V  I  E  Š  B  U  T  I  S  I  O  S  O  A
S  F  L  L  K  M  H  N  A  N  N  Z  G  S
I  J  V  E  Z  V  R  E  S  E  O  Ė  Ų  G
A  Ū  A  I  Q  Q  J  B  A  I  M  V  C  O
L  R  Z  B  Z  T  K  A  P  S  S  G  O  V
A  A  C  O  H  A  L  G  N  Ž  R  F  T  I
Ž  E  M  Ė  L  A  P  I  S  U  H  I  H  G
```

ORO UOSTAS	KALNAI
UŽSIENIO	PASAS
UŽSIENIETIS	JŪRA
ATOSTOGŲ	TAKSI
VIEŠBUTIS	PALAPINĖ
SALA	TRAUKINYS
KELIONĖ	GABENIMAS
LAISVALAIKIS	VIZA
ŽEMĖLAPIS	

100 - Electricity

```
N E I G I A M A S B I O Q L
F Z E K A B E L I S L I V A
G E N E R A T O R I U S S I
Į R A N G A P L I Z D A S D
K I E K I S A T E N G A M A
T L L N L N S I R E Z A L I
E E E P B Q A J I R E T A B
L M M F S A M I J O G U A S
E P P S L I A T K I A D J L
F A U S I N I R T K E L E M
O Y T N V G G N O Y S M C M
N Y Ė S A K I R T K E L E S
A J I Z I V E L E T O Z K Y
S Z G R L L T I N K L A S D
```

BATERIJA
LEMPUTĖ
KABELIS
ELEKTRINIS
ELEKTRIKAS
ĮRANGA
GENERATORIUS
LEMPA
LAZERIS
MAGNETAS

NEIGIAMAS
TINKLAS
DAIKTAI
TEIGIAMAS
KIEKIS
LIZDAS
SAUGOJIMAS
TELEFONAS
TELEVIZIJA
LAIDAI

1 - Antiques

2 - Food #1

3 - Measurements

4 - Farm #2

5 - Books

6 - Meditation

7 - Days and Months

8 - Energy

9 - Archeology

10 - Food #2

11 - Chemistry

12 - Music

13 - Family

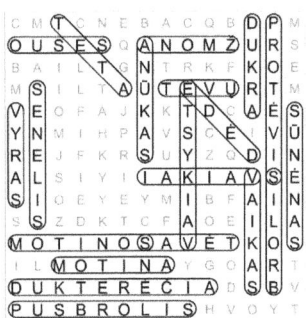

14 - Farm #1

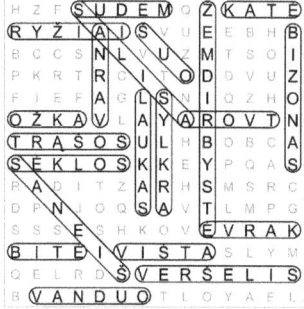

15 - Camping

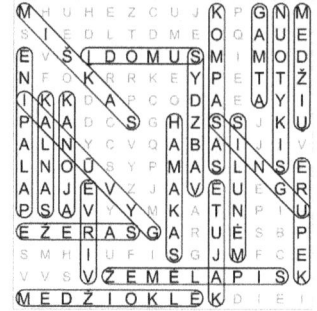

16 - Algebra

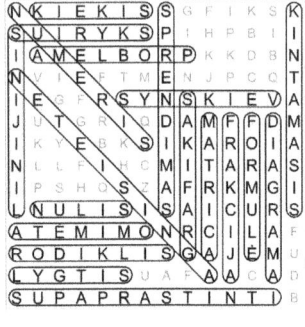

17 - Numbers

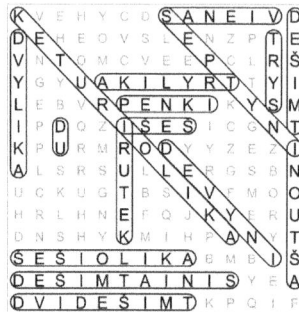

18 - Spices

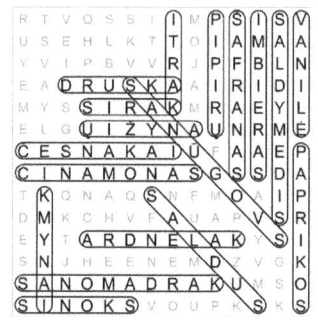

19 - Universe

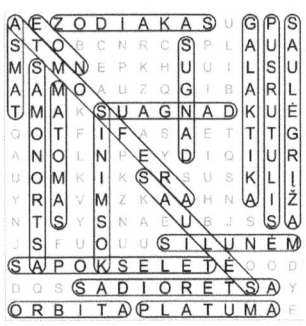

20 - Mammals

21 - Restaurant #1

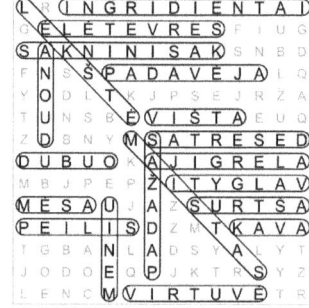

22 - Bees

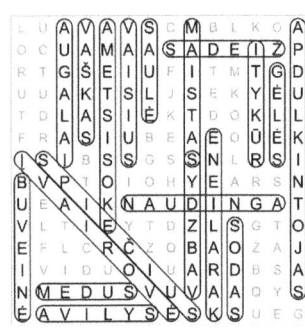

23 - Weather

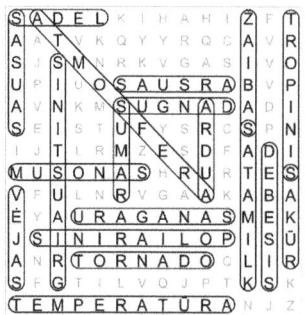

24 - Adventure

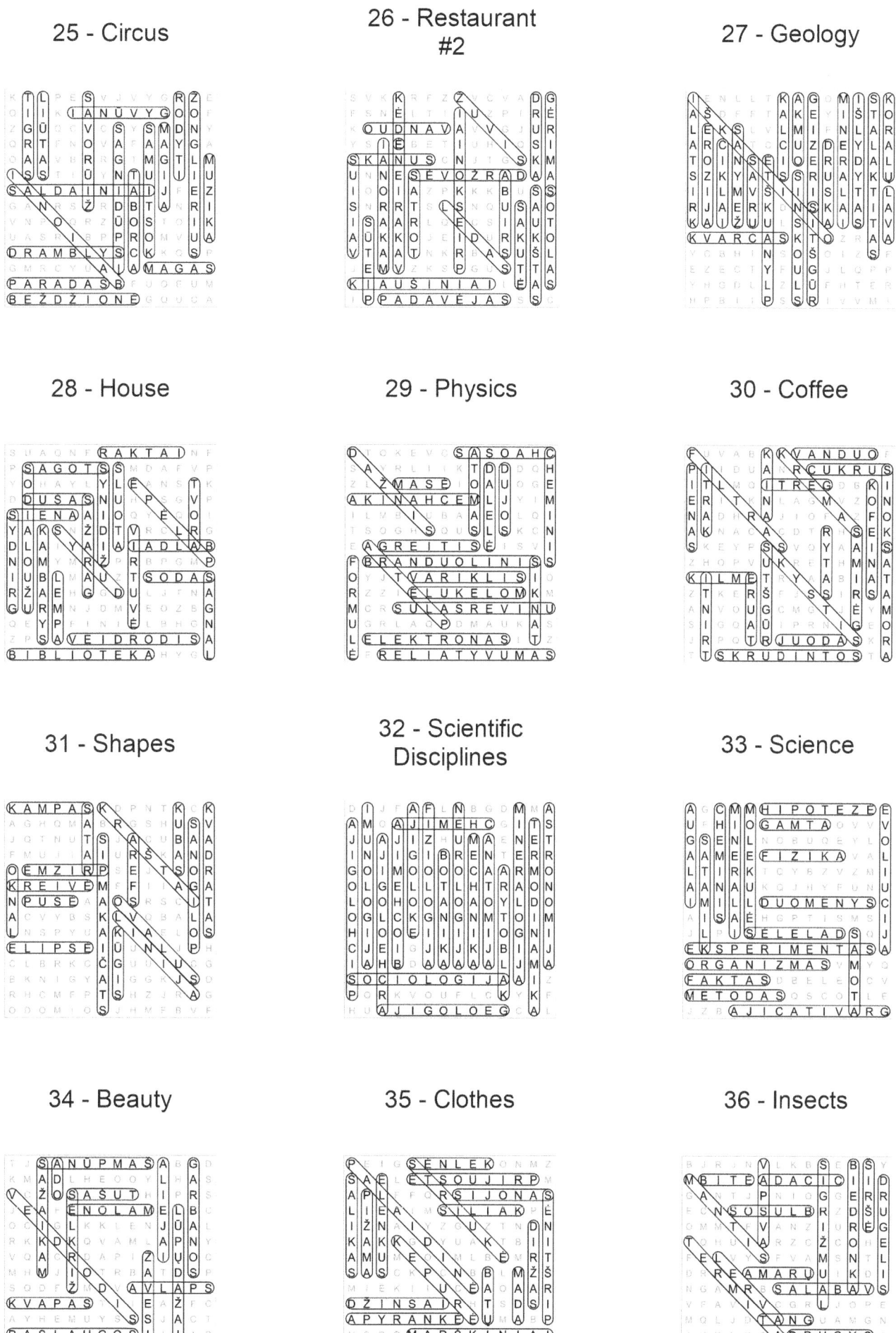

25 - Circus

26 - Restaurant #2

27 - Geology

28 - House

29 - Physics

30 - Coffee

31 - Shapes

32 - Scientific Disciplines

33 - Science

34 - Beauty

35 - Clothes

36 - Insects

37 - Astronomy

38 - Health and Wellness #2

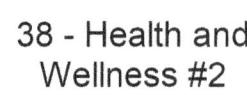
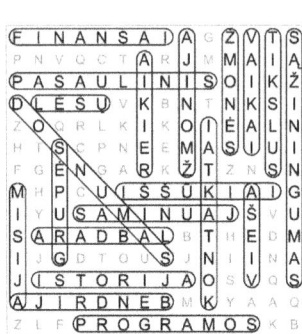

39 - Time

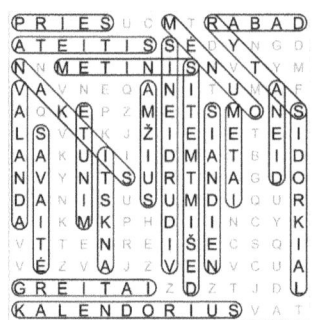

40 - Buildings

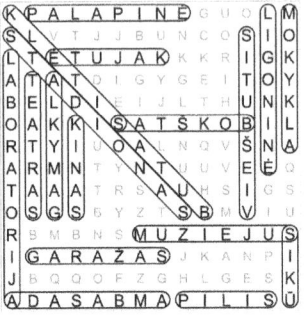

41 - Philanthropy

42 - Gardening

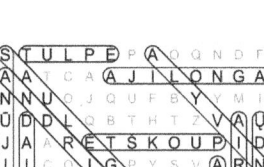

43 - Herbalism

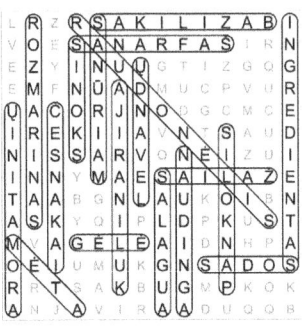

44 - Flowers

45 - Health and Wellness #1

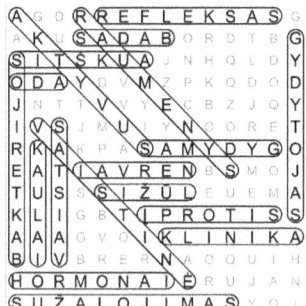

46 - Town

47 - Antarctica

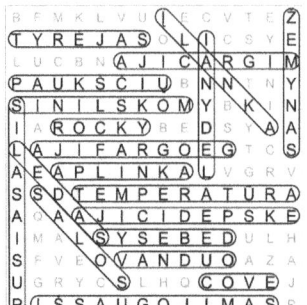

48 - Ballet

49 - Fashion

50 - Human Body

51 - Musical Instruments

52 - Fruit

53 - Engineering

54 - Kitchen

55 - Government

56 - Art Supplies

57 - Science Fiction

58 - Geometry

59 - Creativity

60 - Airplanes

61 - Ocean

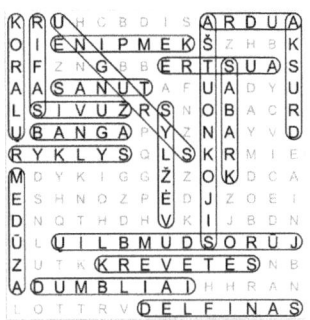

62 - Birds

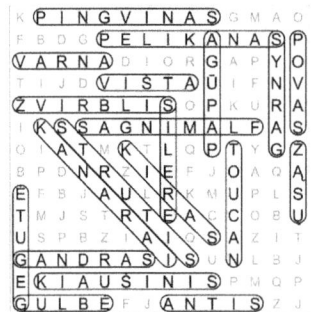

63 - Art

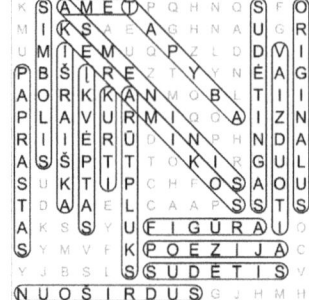

64 - Nutrition

65 - Hiking

66 - Professions #1

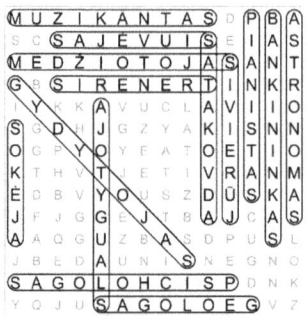

67 - Barbecues

68 - Chocolate

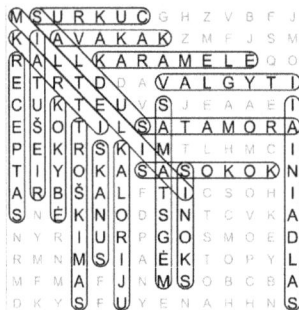

69 - Vegetables

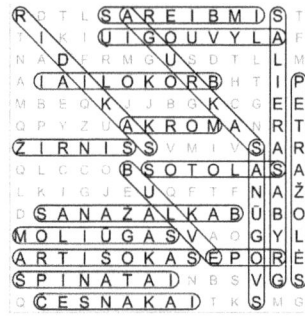

70 - The Media

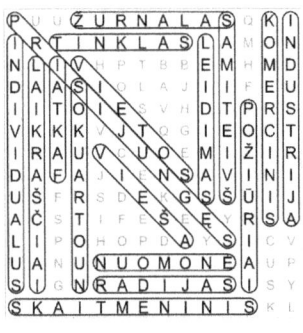

71 - Boats

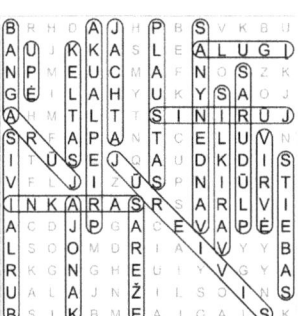

72 - Driving

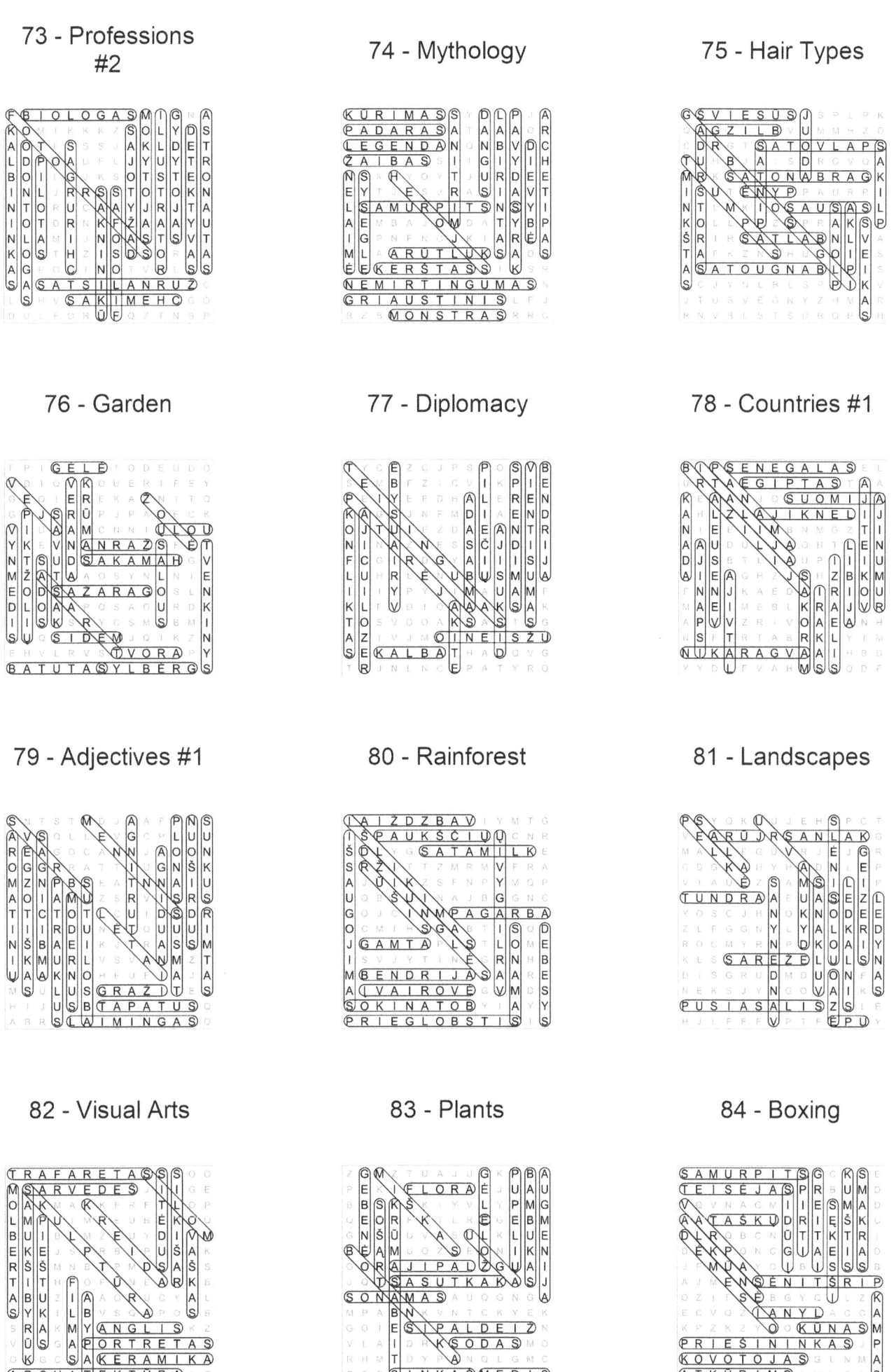

73 - Professions #2

74 - Mythology

75 - Hair Types

76 - Garden

77 - Diplomacy

78 - Countries #1

79 - Adjectives #1

80 - Rainforest

81 - Landscapes

82 - Visual Arts

83 - Plants

84 - Boxing

85 - Countries #2

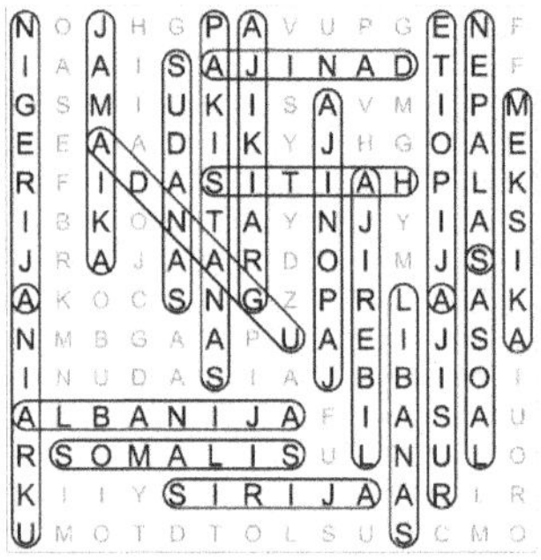

86 - Ecology

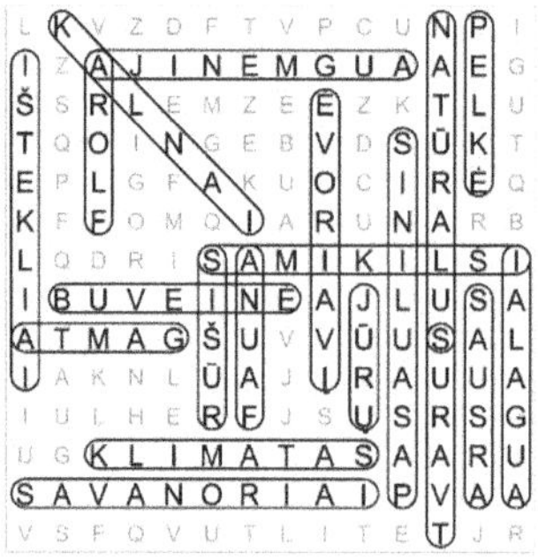

87 - Adjectives #2

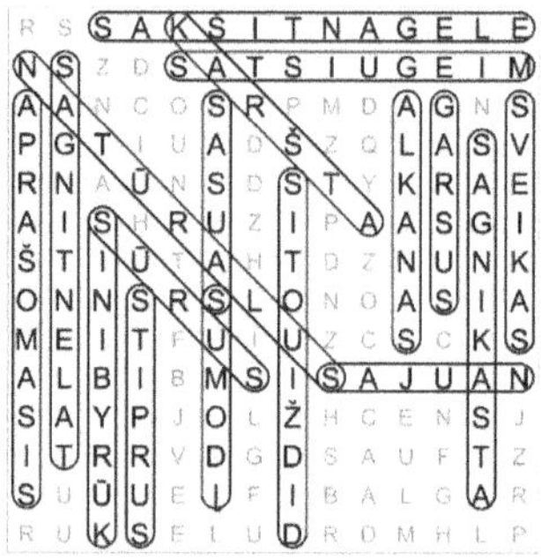

88 - Psychology

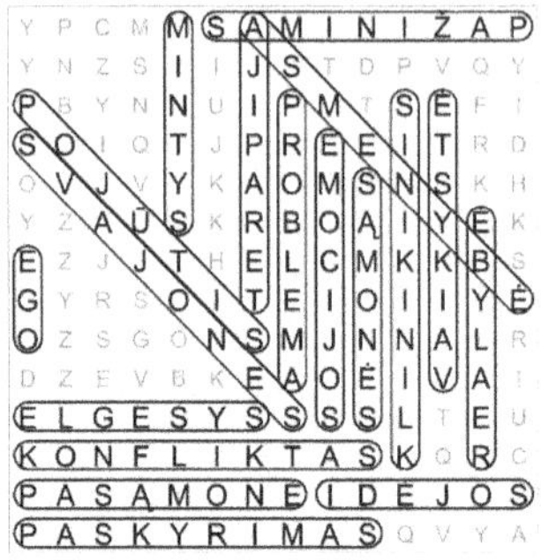

89 - Math

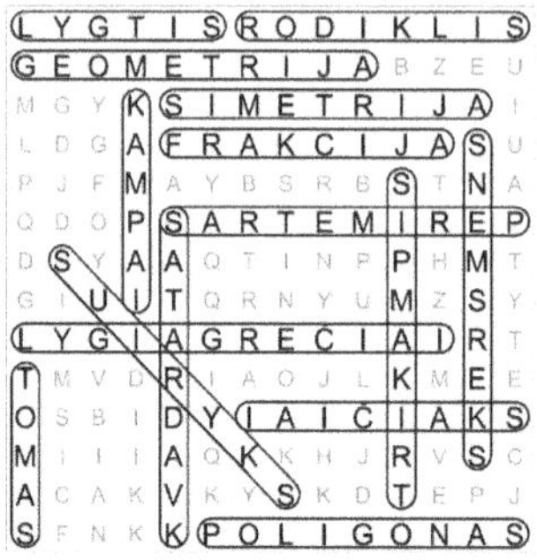

90 - Water

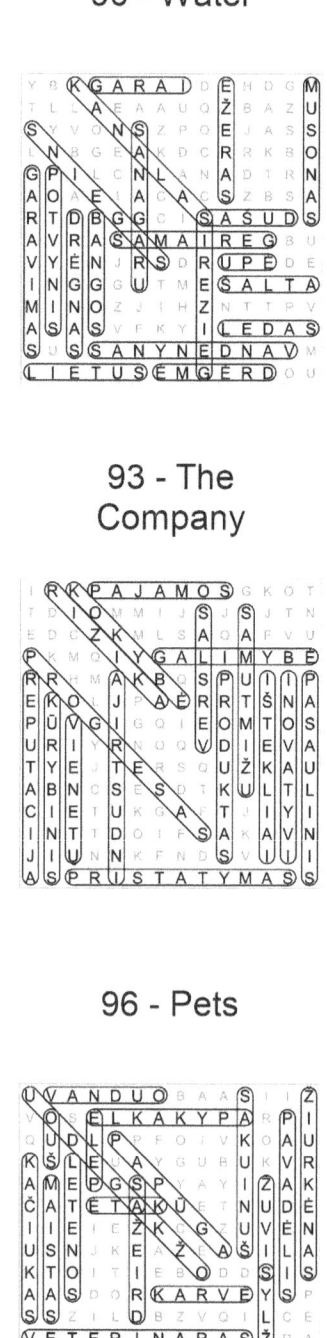

91 - Activities

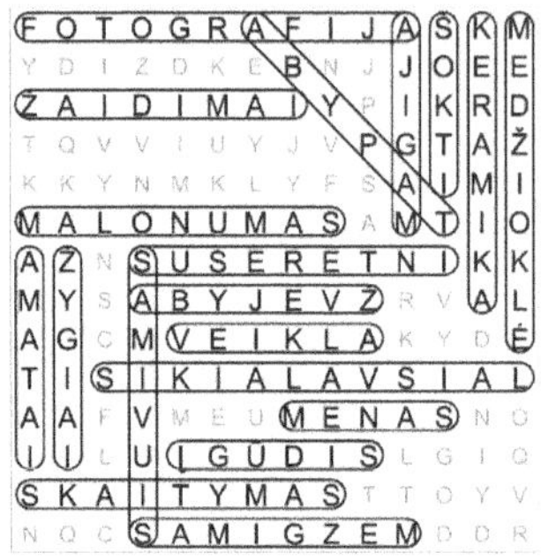

92 - Business

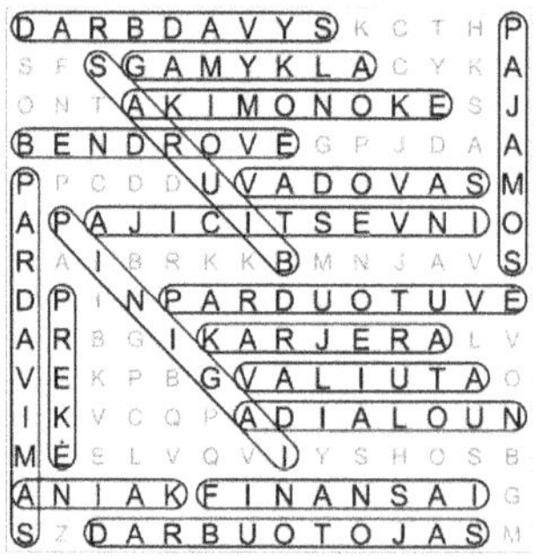

93 - The Company

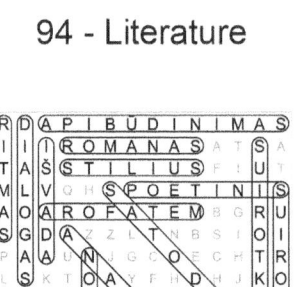

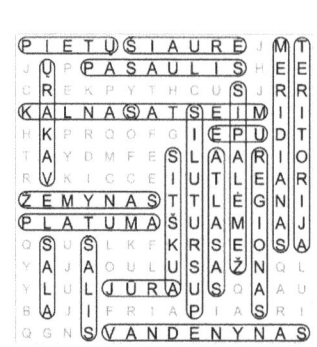

94 - Literature

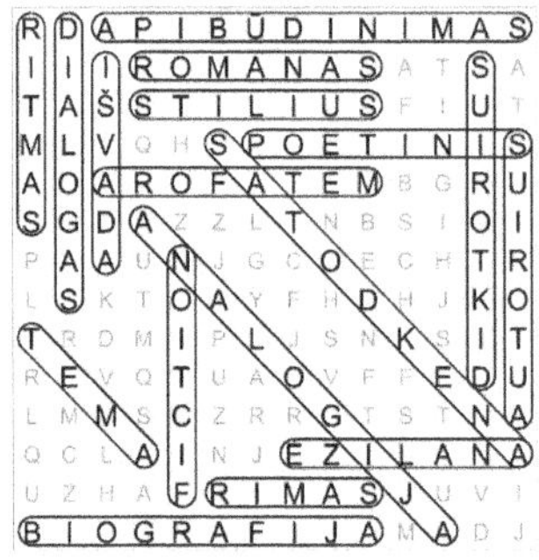

95 - Geography

96 - Pets

97 - Jazz

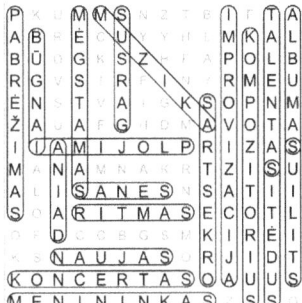

98 - Nature

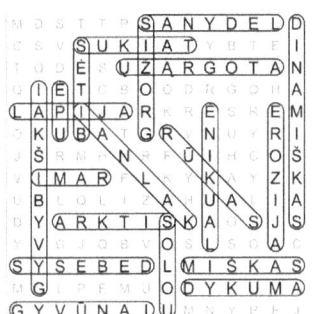

99 - Vacation #2

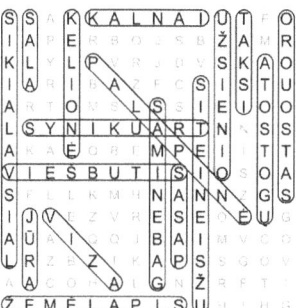

100 - Electricity

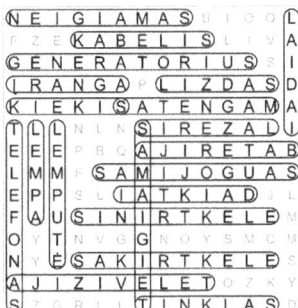

Dictionary

Activities
Veikla

Activity	Veikla
Art	Menas
Ceramics	Keramika
Crafts	Amatai
Dancing	Šokti
Fishing	Žvejyba
Games	Žaidimai
Gardening	Sodininkystė
Hiking	Žygiai
Hunting	Medžioklė
Interests	Interesus
Knitting	Mezgimas
Leisure	Laisvalaikis
Magic	Magija
Painting	Tapyba
Photography	Fotografija
Pleasure	Malonumas
Reading	Skaitymas
Sewing	Siuvimas
Skill	Įgūdis

Adjectives #1
Būdvardžiai #1

Absolute	Absoliutus
Ambitious	Ambicingas
Aromatic	Aromatinių
Artistic	Meninis
Attractive	Patrauklus
Beautiful	Graži
Dark	Tamsus
Exotic	Egzotiškas
Generous	Turtinga
Happy	Laimingas
Heavy	Sunkus
Helpful	Naudinga
Honest	Nuoširdus
Identical	Tapatus
Important	Svarbu
Modern	Modernus
Serious	Rimtas
Slow	Lėtai
Thin	Plonas
Valuable	Vertingas

Adjectives #2
Būdvardžiai #2

Authentic	Autentiškas
Creative	Kūrybinis
Descriptive	Aprašomasis
Dry	Sausas
Elegant	Elegantiškas
Famous	Garsus
Gifted	Talentingas
Healthy	Sveikas
Hot	Karšta
Hungry	Alkanas
Interesting	Įdomus
Natural	Natūralus
New	Naujas
Productive	Produktyvus
Proud	Didžiuotis
Responsible	Atsakingas
Salty	Sūrus
Sleepy	Mieguistas
Strong	Stiprus
Wild	Laukinė

Adventure
Nuotykis

Activity	Veikla
Beauty	Grožis
Bravery	Drąsa
Challenges	Iššūkiai
Chance	Galimybė
Dangerous	Pavojinga
Difficulty	Sunkumas
Enthusiasm	Entuziazmas
Excursion	Ekskursija
Friends	Draugai
Itinerary	Maršrutas
Joy	Džiaugsmas
Nature	Gamta
Navigation	Navigacija
New	Naujas
Preparation	Paruošimas
Safety	Saugumas
Surprising	Stebina
Travels	Kelionė
Unusual	Neįprastas

Airplanes
Lėktuvai

Adventure	Nuotykis
Air	Oras
Atmosphere	Atmosfera
Balloon	Balionas
Construction	Statyba
Crew	Įgula
Descent	Nusileidimas
Design	Dizainas
Direction	Kryptis
Engine	Variklis
Fuel	Kuras
Height	Aukštis
History	Istorija
Hydrogen	Vandenilis
Landing	Iškrovimo
Passenger	Keleivis
Pilot	Pilotas
Propellers	Sraigtas
Sky	Dangus
Turbulence	Neramumų

Algebra
Algebra

Diagram	Diagrama
Division	Skyrius
Equation	Lygtis
Exponent	Rodiklis
Factor	Veiksnys
False	Neteisinga
Formula	Formulė
Fraction	Frakcija
Graph	Grafikas
Infinite	Begalinis
Linear	Linijinis
Matrix	Matrica
Number	Numeris
Problem	Problema
Quantity	Kiekis
Simplify	Supaprastinti
Solution	Sprendimas
Subtraction	Atėmimo
Variable	Kintamasis
Zero	Nulis

Antarctica
Antarktida

Bay	Įlanka
Birds	Paukščių
Clouds	Debesys
Conservation	Išsaugojimas
Continent	Žemynas
Cove	Cove
Environment	Aplinka
Expedition	Ekspedicija
Geography	Geografija
Glaciers	Ledynai
Ice	Ledas
Islands	Salos
Migration	Migracija
Peninsula	Pusiasalis
Researcher	Tyrėjas
Rocky	Rocky
Scientific	Mokslinis
Temperature	Temperatūra
Topography	Topografija
Water	Vanduo

Antiques
Antikvariniai Daiktai

Art	Menas
Auction	Aukcionas
Authentic	Autentiškas
Century	Amžius
Coins	Monetos
Decorative	Dekoratyvinis
Elegant	Elegantiškas
Furniture	Baldai
Gallery	Galerija
Investment	Investicija
Jewelry	Papuošalai
Old	Senas
Price	Kaina
Quality	Kokybė
Restoration	Restauravimas
Sculpture	Skulptūra
Style	Stilius
To Sell	Parduoti
Unusual	Neįprastas
Value	Vertė

Archeology
Archeologija

Analysis	Analizė
Ancient	Senovės
Antiquity	Antika
Bones	Kaulai
Civilization	Civilizacija
Descendant	Palikuonis
Era	Era
Evaluation	Vertinimas
Expert	Ekspertas
Forgotten	Pamiršti
Fossil	Iškastinio
Fragments	Fragmentai
Mystery	Paslaptis
Objects	Daiktai
Relic	Reliktas
Researcher	Tyrėjas
Team	Komanda
Temple	Šventykla
Tomb	Kapas
Unknown	Nežinomas

Art
Menas

Ceramic	Keramikos
Complex	Sudėtingas
Composition	Sudėtis
Create	Kurti
Expression	Išraiška
Figure	Figūra
Honest	Nuoširdus
Inspired	Įkvėptas
Mood	Nuotaika
Original	Originalus
Paintings	Tapyba
Personal	Asmeninis
Poetry	Poezija
Portray	Vaizduoti
Sculpture	Skulptūra
Simple	Paprastas
Subject	Tema
Surrealism	Siurrealizmas
Symbol	Simbolis
Visual	Vaizdinis

Art Supplies
Meno Reikmenys

Acrylic	Akrilas
Brushes	Šepečiai
Camera	Fotoaparatas
Chair	Kėdė
Charcoal	Anglis
Clay	Molis
Colors	Spalva
Creativity	Kūrybiškumas
Easel	Molbertas
Eraser	Trintukas
Glue	Klijai
Ideas	Idėjos
Ink	Rašalas
Oil	Alyva
Paints	Dažai
Paper	Popierius
Pencils	Pieštukai
Table	Stalas
Water	Vanduo
Watercolors	Akvarelės

Astronomy
Astronomija

Asteroid	Asteroidas
Astronaut	Astronautas
Astronomer	Astronomas
Constellation	Žvaigždynas
Cosmos	Kosmosas
Earth	Žemė
Eclipse	Užtemimas
Equinox	Lygiadienis
Galaxy	Galaktika
Meteor	Meteoras
Moon	Mėnulis
Nebula	Ūkas
Observatory	Observatorija
Planet	Planeta
Radiation	Radiacija
Rocket	Raketa
Satellite	Palydovas
Sky	Dangus
Supernova	Supernova
Zodiac	Zodiakas

Ballet
Baletas

Applause	Plojimai
Artistic	Meninis
Audience	Auditorija
Ballerina	Balerina
Choreography	Choreografija
Composer	Kompozitorius
Dancers	Šokėjai
Expressive	Išraiškingas
Gesture	Gestas
Graceful	Grakštus
Intensity	Intensyvumas
Lessons	Pamokos
Muscles	Raumenys
Music	Muzika
Orchestra	Orkestras
Practice	Praktika
Rhythm	Ritmas
Skill	Įgūdis
Style	Stilius
Technique	Technika

Barbecues
Kepsninės

Chicken	Višta
Children	Vaikai
Dinner	Vakarienė
Family	Šeima
Food	Maistas
Forks	Šakės
Friends	Draugai
Fruit	Vaisius
Games	Žaidimai
Grill	Grilis
Hot	Karšta
Hunger	Badas
Knives	Peiliai
Music	Muzika
Salads	Salotos
Salt	Druska
Sauce	Padažas
Summer	Vasara
Tomatoes	Pomidorai
Vegetables	Daržovės

Beauty
Grožis

Charm	Žavesio
Color	Spalva
Cosmetics	Kosmetika
Curls	Garbanos
Elegance	Elegancija
Elegant	Elegantiškas
Fragrance	Kvapas
Grace	Malonė
Lipstick	Lūpų Dažai
Makeup	Makiažas
Mascara	Tušas
Mirror	Veidrodis
Oils	Aliejai
Photogenic	Photogenic
Products	Produktai
Scissors	Žirklės
Services	Paslaugos
Shampoo	Šampūnas
Skin	Oda
Stylist	Stilistas

Bees
Bitės

Beneficial	Naudinga
Blossom	Žiedas
Diversity	Įvairovė
Ecosystem	Ekosistema
Flowers	Gėlės
Food	Maistas
Fruit	Vaisius
Garden	Sodas
Habitat	Buveinė
Hive	Avilys
Honey	Medus
Insect	Vabzdys
Plants	Augalai
Pollen	Žiedadulkės
Pollinator	Apdulkintojas
Queen	Karalienė
Smoke	Rūkyti
Sun	Saulė
Swarm	Spiečius
Wax	Vaškas

Birds
Paukščiams

Canary	Kanarai
Chicken	Višta
Crow	Varna
Cuckoo	Gegutė
Duck	Antis
Eagle	Erelis
Egg	Kiaušinis
Flamingo	Flamingas
Goose	Žąsų
Gull	Kiras
Heron	Garnys
Ostrich	Strutis
Parrot	Papūga
Peacock	Povas
Pelican	Pelikanas
Penguin	Pingvinas
Sparrow	Žvirblis
Stork	Gandras
Swan	Gulbė
Toucan	Toucan

Boats
Valtys

Anchor	Inkaras
Buoy	Plūduras
Canoe	Kanoja
Crew	Įgula
Dock	Prieplauka
Engine	Variklis
Ferry	Keltas
Kayak	Baidarių
Lake	Ežeras
Mast	Stiebas
Nautical	Jūrinis
Ocean	Vandenynas
Raft	Plaustas
River	Upė
Rope	Virvė
Sailboat	Burlaivis
Sailor	Jūreivis
Sea	Jūra
Tide	Banga
Yacht	Jachta

Books
Knygos
Adventure	Nuotykis
Author	Autorius
Collection	Kolekcija
Context	Kontekstas
Duality	Dvilypumas
Epic	Epas
Historical	Istorinis
Humorous	Humoro
Inventive	Išradingas
Literary	Literatūrinis
Narrator	Diktorius
Novel	Romanas
Page	Puslapis
Poem	Eilėraštis
Poetry	Poezija
Reader	Skaitytojas
Relevant	Aktualus
Story	Istorija
Tragic	Tragiška
Written	Parašyta

Boxing
Boksas
Bell	Varpas
Body	Kūnas
Chin	Smakras
Corner	Kampas
Elbow	Alkūnė
Exhausted	Išsekęs
Fighter	Kovotojas
Fist	Kumštis
Focus	Dėmesio
Gloves	Pirštinės
Kick	Spirti
Opponent	Priešininkas
Points	Taškų
Quick	Greitai
Recovery	Atkūrimo
Referee	Teisėjas
Ropes	Lynai
Skill	Įgūdis
Strength	Stiprumas

Buildings
Statiniai
Apartment	Butas
Barn	Klėtis
Cabin	Kajutė
Castle	Pilis
Cinema	Kinas
Embassy	Ambasada
Factory	Gamykla
Farm	Ūkis
Garage	Garažas
Hospital	Ligoninė
Hotel	Viešbutis
Laboratory	Laboratorija
Museum	Muziejus
Observatory	Observatorija
School	Mokykla
Stadium	Stadionas
Tent	Palapinė
Theater	Teatras
Tower	Bokštas
University	Universitetas

Business
Verslas
Budget	Biudžetas
Career	Karjera
Company	Bendrovė
Cost	Kaina
Currency	Valiuta
Discount	Nuolaida
Economics	Ekonomika
Employee	Darbuotojas
Employer	Darbdavys
Factory	Gamykla
Finance	Finansai
Income	Pajamos
Investment	Investicija
Manager	Vadovas
Merchandise	Prekė
Money	Pinigai
Office	Biuras
Sale	Pardavimas
Shop	Parduotuvė
Taxes	Mokesčiai

Camping
Stovyklavimas
Adventure	Nuotykis
Animals	Gyvūnai
Cabin	Kajutė
Canoe	Kanoja
Compass	Kompasas
Fire	Ugnis
Forest	Miškas
Fun	Įdomus
Hammock	Hamakas
Hat	Kepurė
Hunting	Medžioklė
Insect	Vabzdys
Lake	Ežeras
Map	Žemėlapis
Moon	Mėnulis
Mountain	Kalnas
Nature	Gamta
Rope	Virvė
Tent	Palapinė
Trees	Medžių

Chemistry
Chemija
Acid	Rūgštis
Alkaline	Šarminis
Atomic	Atominis
Carbon	Anglis
Chlorine	Chloras
Electron	Elektronas
Enzyme	Fermentas
Gas	Dujos
Heat	Šiluma
Hydrogen	Vandenilis
Ion	Jonas
Liquid	Skystis
Metals	Metalai
Molecule	Molekulė
Nuclear	Branduolinis
Organic	Organinis
Oxygen	Deguonis
Salt	Druska
Temperature	Temperatūra
Weight	Svoris

Chocolate
Šokoladas

Aroma	Aromatas
Bitter	Karti
Cacao	Kakava
Calories	Kalorijų
Candy	Saldainiai
Caramel	Karamelė
Coconut	Kokosas
Craving	Troškimas
Delicious	Skanus
Exotic	Egzotiškas
Favorite	Mėgstamas
Ingredient	Ingredientas
Peanuts	Riešutai
Powder	Milteliai
Quality	Kokybė
Recipe	Receptas
Sugar	Cukrus
Sweet	Saldus
Taste	Skonis
To Eat	Valgyti

Circus
Cirkas

Acrobat	Acrobat
Animals	Gyvūnai
Balloons	Balionai
Candy	Saldainiai
Clown	Klounas
Costume	Kostiumas
Elephant	Dramblys
Juggler	Žonglierius
Lion	Liūtas
Magic	Magija
Magician	Magas
Monkey	Beždžionė
Music	Muzika
Parade	Paradas
Show	Rodyti
Spectacular	Įspūdingas
Spectator	Žiūrovas
Tent	Palapinė
Tiger	Tigras
Trick	Triukas

Clothes
Drabužiai

Apron	Prijuostė
Belt	Diržas
Blouse	Palaidinė
Bracelet	Apyrankė
Coat	Kailis
Dress	Suknelė
Fashion	Mada
Gloves	Pirštinės
Hat	Kepurė
Jacket	Striukė
Jeans	Džinsai
Jewelry	Papuošalai
Pajamas	Pižama
Pants	Kelnės
Sandals	Sandalai
Scarf	Šalikas
Shirt	Marškiniai
Shoe	Batų
Skirt	Sijonas
Sweater	Megztinis

Coffee
Kava

Acidic	Rūgštus
Aroma	Aromatas
Beverage	Gėrimas
Bitter	Karti
Black	Juoda
Caffeine	Kofeinas
Cream	Kremas
Cup	Taurė
Filter	Filtras
Flavor	Skonis
Grind	Trinti
Liquid	Skystis
Milk	Pienas
Morning	Rytas
Origin	Kilmė
Price	Kaina
Roasted	Skrudintos
Sugar	Cukrus
To Drink	Gerti
Water	Vanduo

Countries #1
Šalys #1

Brazil	Brazilija
Canada	Kanada
Egypt	Egiptas
Finland	Suomija
Germany	Vokietija
Iraq	Irakas
Israel	Izraelis
Italy	Italija
Latvia	Latvija
Libya	Libija
Morocco	Marokas
Nicaragua	Nikaragva
Norway	Norvegija
Panama	Panama
Poland	Lenkija
Romania	Rumunija
Senegal	Senegalas
Spain	Ispanija
Venezuela	Venesuela
Vietnam	Vietnamas

Countries #2
Šalys #2

Albania	Albanija
Denmark	Danija
Ethiopia	Etiopija
Greece	Graikija
Haiti	Haitis
Jamaica	Jamaika
Japan	Japonija
Laos	Laosas
Lebanon	Libanas
Liberia	Liberija
Mexico	Meksika
Nepal	Nepalas
Nigeria	Nigerija
Pakistan	Pakistanas
Russia	Rusija
Somalia	Somalis
Sudan	Sudanas
Syria	Sirija
Uganda	Uganda
Ukraine	Ukraina

Creativity
Kūrybiškumas

Artistic	Meninis
Authenticity	Autentiškumas
Clarity	Aiškumas
Dramatic	Dramatiškas
Emotions	Emocijos
Expression	Išraiška
Fluidity	Takumas
Ideas	Idėjos
Image	Vaizdas
Imagination	Vaizduotė
Impression	Įspūdis
Inspiration	Įkvėpimas
Intensity	Intensyvumas
Intuition	Intuicija
Inventive	Išradingas
Sensation	Pojūtis
Skill	Įgūdis
Spontaneous	Spontaniškas
Visions	Vizijos
Vitality	Gyvybingumas

Days and Months
Dienos ir Mėnesiai

April	Balandis
August	Rugpjūtis
Calendar	Kalendorius
February	Vasaris
Friday	Penktadienis
January	Sausis
July	Liepa
March	Kovas
May	Gegužė
Monday	Pirmadienis
Month	Mėnuo
November	Lapkritis
October	Spalis
Saturday	Šeštadienis
September	Rugsėjo
Sunday	Sekmadienis
Tuesday	Antradienis
Wednesday	Trečiadienis
Week	Savaitė
Year	Metai

Diplomacy
Diplomatija

Adviser	Patarėjas
Ambassador	Ambasadorius
Citizens	Piliečių
Community	Bendrija
Conflict	Konfliktas
Diplomatic	Diplomatinis
Discussion	Diskusija
Embassy	Ambasada
Ethics	Etika
Foreign	Užsienio
Government	Vyriausybė
Humanitarian	Humanitarinis
Integrity	Vientisumas
Justice	Teisingumas
Languages	Kalba
Politics	Politika
Resolution	Rezoliucija
Security	Saugumas
Solution	Sprendimas
Treaty	Sutartis

Driving
Vairavimas

Accident	Avarija
Brakes	Stabdžiai
Car	Automobilis
Danger	Pavojus
Driver	Vairuotojas
Fuel	Kuras
Garage	Garažas
Gas	Dujos
License	Licencija
Map	Žemėlapis
Motor	Variklis
Motorcycle	Motociklas
Pedestrian	Pėsčiųjų
Police	Policija
Road	Kelias
Safety	Saugumas
Speed	Greitis
Traffic	Eismas
Truck	Sunkvežimis
Tunnel	Tunelis

Ecology
Ekologija

Climate	Klimatas
Communities	Bendruomenės
Diversity	Įvairovė
Drought	Sausra
Fauna	Fauna
Flora	Flora
Global	Pasaulinis
Habitat	Buveinė
Marine	Jūrų
Marsh	Pelkė
Mountains	Kalnai
Natural	Natūralus
Nature	Gamta
Plants	Augalai
Resources	Ištekliai
Species	Rūšis
Survival	Išlikimas
Sustainable	Tvarus
Vegetation	Augmenija
Volunteers	Savanoriai

Electricity
Elektra

Battery	Baterija
Bulb	Lemputė
Cable	Kabelis
Electric	Elektrinis
Electrician	Elektrikas
Equipment	Įranga
Generator	Generatorius
Lamp	Lempa
Laser	Lazeris
Magnet	Magnetas
Negative	Neigiamas
Network	Tinklas
Objects	Daiktai
Positive	Teigiamas
Quantity	Kiekis
Socket	Lizdas
Storage	Saugojimas
Telephone	Telefonas
Television	Televizija
Wires	Laidai

Energy
Energija

Battery	Baterija
Carbon	Anglis
Diesel	Dyzelinas
Electric	Elektrinis
Electron	Elektronas
Entropy	Entropija
Environment	Aplinka
Fuel	Kuras
Gasoline	Benzinas
Heat	Šiluma
Hydrogen	Vandenilis
Industry	Industrija
Motor	Variklis
Nuclear	Branduolinis
Photon	Fotonas
Pollution	Tarša
Renewable	Atnaujinantis
Steam	Garai
Turbine	Turbina
Wind	Vėjas

Engineering
Inžinerija

Angle	Kampas
Axis	Ašis
Calculation	Skaičiavimas
Construction	Statyba
Depth	Gylis
Diagram	Diagrama
Diameter	Skersmens
Diesel	Dyzelinas
Dimensions	Matmenys
Distribution	Paskirstymas
Energy	Energija
Levers	Svirtys
Liquid	Skystis
Machine	Mašina
Measurement	Matavimas
Motor	Variklis
Propulsion	Varyti
Stability	Stabilumas
Strength	Stiprumas
Structure	Struktūra

Family
Šeima

Ancestor	Protėvis
Aunt	Teta
Brother	Brolis
Child	Vaikas
Childhood	Vaikystė
Children	Vaikai
Cousin	Pusbrolis
Daughter	Dukra
Father	Tėvas
Grandfather	Senelis
Grandson	Anūkas
Husband	Vyras
Maternal	Motinos
Mother	Motina
Nephew	Sūnėnas
Niece	Dukterėčia
Paternal	Tėvų
Sister	Sesuo
Uncle	Dėdė
Wife	Žmona

Farm #1
Ūkis Nr.1

Agriculture	Žemdirbystė
Bee	Bitė
Bison	Bizonas
Calf	Veršelis
Cat	Katė
Chicken	Višta
Cow	Karvė
Crow	Varna
Dog	Šuo
Donkey	Asilas
Fence	Tvora
Fertilizer	Trąšos
Field	Laukas
Goat	Ožka
Hay	Šienas
Honey	Medus
Horse	Arklys
Rice	Ryžiai
Seeds	Sėklos
Water	Vanduo

Farm #2
Ūkis Nr.2

Animals	Gyvūnai
Barley	Miežiai
Barn	Klėtis
Corn	Kukurūzų
Duck	Antis
Farmer	Ūkininkas
Food	Maistas
Fruit	Vaisius
Irrigation	Drėkinimas
Lamb	Ėriukas
Llama	Lama
Meadow	Pieva
Milk	Pienas
Orchard	Sodas
Sheep	Avis
Shepherd	Piemuo
To Grow	Augti
Tractor	Traktorius
Vegetable	Daržovė
Wheat	Kviečiai

Fashion
Mada

Affordable	Prieinamas
Boutique	Boutique
Buttons	Mygtukai
Clothing	Apranga
Comfortable	Patogus
Elegant	Elegantiškas
Embroidery	Siuvinėjimas
Expensive	Brangus
Fabric	Medžiaga
Lace	Nėriniai
Measurements	Matavimai
Modern	Modernus
Modest	Kuklus
Original	Originalus
Pattern	Raštas
Practical	Praktinis
Simple	Paprastas
Style	Stilius
Texture	Tekstūra
Trend	Tendencija

Flowers
Gėlės

Bouquet	Puokštė
Clover	Dobilas
Daffodil	Narcizas
Daisy	Daisy
Dandelion	Kiaulpienė
Gardenia	Gardenia
Hibiscus	Hibiscus
Jasmine	Andrius
Lavender	Levandų
Lilac	Alyvinė
Lily	Lelija
Magnolia	Magnolija
Orchid	Orchidėja
Peony	Bijūnas
Petal	Žiedlapis
Plumeria	Plumeria
Poppy	Aguona
Rose	Rožė
Sunflower	Saulėgrąžų
Tulip	Tulpė

Food #1
Maistas #1

Apricot	Abrikosas
Barley	Miežiai
Basil	Bazilikas
Carrot	Morka
Cinnamon	Cinamonas
Garlic	Česnakai
Juice	Sultys
Lemon	Citrina
Milk	Pienas
Onion	Svogūnas
Peanut	Žemės Riešutų
Pear	Kriaušė
Salad	Salotos
Salt	Druska
Soup	Sriuba
Spinach	Špinatai
Strawberry	Braškių
Sugar	Cukrus
Tuna	Tunas
Turnip	Ropė

Food #2
Maistas #2

Apple	Obuolių
Artichoke	Artišokas
Banana	Bananas
Broccoli	Brokoliai
Celery	Salieras
Cheese	Sūris
Cherry	Vyšnia
Chicken	Višta
Chocolate	Šokoladas
Egg	Kiaušinis
Eggplant	Baklažanas
Fish	Žuvis
Grape	Vynuogė
Ham	Kumpis
Kiwi	Kivi
Mushroom	Grybas
Rice	Ryžiai
Tomato	Pomidoras
Wheat	Kviečiai
Yogurt	Jogurtas

Fruit
Vaisiai

Apple	Obuolių
Apricot	Abrikosas
Avocado	Avokadas
Banana	Bananas
Berry	Uoga
Cherry	Vyšnia
Coconut	Kokosas
Fig	Pav
Grape	Vynuogė
Guava	Gvajavos
Kiwi	Kivi
Lemon	Citrina
Mango	Mango
Melon	Melionas
Nectarine	Nektarinų
Papaya	Papaja
Peach	Persikas
Pear	Kriaušė
Pineapple	Ananasai
Raspberry	Aviečių

Garden
Sodas

Bench	Suolas
Bush	Krūmas
Fence	Tvora
Flower	Gėlė
Garage	Garažas
Garden	Sodas
Grass	Žolė
Hammock	Hamakas
Hose	Žarna
Lawn	Veja
Pond	Tvenkinys
Porch	Veranda
Rake	Grėblys
Rocks	Uolų
Shovel	Kastuvas
Terrace	Terasa
Trampoline	Batutas
Tree	Medis
Vine	Vynmedis
Weeds	Piktžolių

Gardening
Sodininkystė

Blossom	Žiedas
Botanical	Botanikos
Bouquet	Puokštė
Climate	Klimatas
Compost	Kompostas
Container	Konteineris
Dirt	Purvas
Edible	Valgomas
Exotic	Egzotiškas
Floral	Gėlių
Foliage	Lapija
Hose	Žarna
Leaf	Lapas
Moisture	Drėgmė
Orchard	Sodas
Seasonal	Sezoninis
Seeds	Sėklos
Soil	Dirvožemis
Species	Rūšis
Water	Vanduo

Geography
Geografija [taisyti]

Altitude	Aukštis
Atlas	Atlasas
City	Miestas
Continent	Žemynas
Country	Šalis
Hemisphere	Pusrutulis
Island	Sala
Latitude	Platuma
Map	Žemėlapis
Meridian	Meridianas
Mountain	Kalnas
North	Šiaurė
Ocean	Vandenynas
Region	Regionas
River	Upė
Sea	Jūra
South	Pietų
Territory	Teritorija
West	Vakarų
World	Pasaulis

Geology
Geologija

Acid	Rūgštis
Calcium	Kalcis
Cavern	Urvas
Continent	Žemynas
Coral	Koralų
Crystals	Kristalai
Cycles	Ciklai
Erosion	Erozija
Fossil	Iškastinio
Geyser	Geizeris
Lava	Lava
Layer	Sluoksnis
Minerals	Mineralai
Molten	Išlydytas
Plateau	Plynaukštė
Quartz	Kvarcas
Salt	Druska
Stalactite	Stalaktitas
Stone	Akmuo
Volcano	Vulkanas

Geometry
Geometrija

Angle	Kampas
Calculation	Skaičiavimas
Circle	Ratas
Curve	Kreivė
Diameter	Skersmens
Dimension	Matmenys
Equation	Lygtis
Height	Aukštis
Horizontal	Horizontalus
Logic	Logika
Mass	Masė
Median	Mediana
Number	Numeris
Parallel	Lygiagrečiai
Proportion	Proporcija
Segment	Segmentas
Surface	Paviršius
Symmetry	Simetrija
Theory	Teorija
Triangle	Trikampis

Government
Vyriausybė

Citizenship	Pilietybė
Civil	Civilinis
Constitution	Konstitucija
Democracy	Demokratija
Discussion	Diskusija
District	Rajonas
Equality	Lygybė
Judicial	Teismo
Justice	Teisingumas
Law	Teisė
Leader	Vadovas
Liberty	Laisvė
Monument	Paminklas
Nation	Tauta
National	Nacionalinis
Peaceful	Taikus
Politics	Politika
Speech	Kalba
State	Valstybė
Symbol	Simbolis

Hair Types
Plaukų Tipai

Bald	Plikas
Black	Juoda
Blond	Šviesūs
Braided	Pintas
Braids	Pynė
Brown	Ruda
Colored	Spalvotas
Curls	Garbanos
Curly	Garbanotas
Dry	Sausas
Gray	Pilka
Healthy	Sveikas
Long	Ilgas
Shiny	Blizga
Short	Trumpas
Soft	Minkštas
Thick	Storas
Thin	Plonas
Wavy	Banguotas
White	Baltas

Health and Wellness #1
Sveikata ir Sveikata Nr.

Active	Aktyvus
Bacteria	Bakterijos
Bones	Kaulai
Clinic	Klinika
Doctor	Gydytojas
Fracture	Lūžis
Habit	Įprotis
Height	Aukštis
Hormones	Hormonai
Hunger	Badas
Injury	Sužalojimas
Medicine	Vaistas
Muscles	Raumenys
Nerves	Nervai
Pharmacy	Vaistinė
Reflex	Refleksas
Skin	Oda
Therapy	Terapija
Treatment	Gydymas
Virus	Virusas

Health and Wellness #2
Sveikata ir Sveikata Nr.

Allergy	Alergija
Anatomy	Anatomija
Appetite	Apetitas
Blood	Kraujas
Calorie	Kalorijų
Dehydration	Dehidracija
Diet	Dieta
Disease	Liga
Energy	Energija
Genetics	Genetika
Healthy	Sveikas
Hospital	Ligoninė
Hygiene	Higiena
Infection	Infekcija
Massage	Masažas
Nutrition	Mityba
Recovery	Atkūrimo
Stress	Stresas
Vitamin	Vitaminas
Weight	Svoris

Herbalism
Žolininkystė

Aromatic	Aromatinių
Basil	Bazilikas
Beneficial	Naudinga
Culinary	Kulinarija
Fennel	Pankolis
Flavor	Skonis
Flower	Gėlė
Garden	Sodas
Garlic	Česnakai
Green	Žalias
Ingredient	Ingredientas
Lavender	Levandų
Marjoram	Mairūnas
Mint	Mėta
Oregano	Raudonėlis
Parsley	Petražolės
Plant	Augalas
Rosemary	Rozmarinas
Saffron	Šafranas
Tarragon	Estragonu

Hiking
Pėsčiųjų

Animals	Gyvūnai
Boots	Batai
Cliff	Uolos
Climate	Klimatas
Guides	Vadovai
Hazards	Pavojai
Heavy	Sunkus
Map	Žemėlapis
Mosquitoes	Uodai
Mountain	Kalnas
Nature	Gamta
Orientation	Orientacija
Parks	Parkai
Preparation	Paruošimas
Stones	Akmenys
Sun	Saulė
Tired	Pavargęs
Water	Vanduo
Weather	Oras
Wild	Laukinė

House
Namas

Attic	Palėpė
Broom	Šluota
Curtains	Užuolaidos
Door	Durys
Fence	Tvora
Fireplace	Židinys
Floor	Grindys
Furniture	Baldai
Garage	Garažas
Garden	Sodas
Keys	Raktai
Kitchen	Virtuvė
Lamp	Lempa
Library	Biblioteka
Mirror	Veidrodis
Roof	Stogas
Room	Kambarys
Shower	Dušas
Wall	Siena
Window	Langas

Human Body
Žmogaus Kūnas

Ankle	Čiurnos
Blood	Kraujas
Bones	Kaulai
Brain	Smegenys
Chin	Smakras
Ear	Ausis
Elbow	Alkūnė
Face	Veidas
Finger	Pirštas
Hand	Ranka
Head	Galva
Heart	Širdis
Jaw	Žandikaulis
Knee	Kelis
Leg	Koja
Mouth	Burna
Neck	Kaklas
Nose	Nosis
Shoulder	Pečių
Skin	Oda

Insects
Vabzdžiai

Ant	Skruzdėlė
Aphid	Amarų
Bee	Bitė
Beetle	Vabalas
Butterfly	Drugelis
Cicada	Cicada
Cockroach	Tarakonas
Dragonfly	Laumžirgis
Flea	Blusos
Gnat	Gnat
Grasshopper	Žiogas
Hornet	Širšė
Ladybug	Biedronka
Larva	Lerva
Mantis	Mantis
Mosquito	Uodas
Moth	Drugys
Termite	Termitas
Wasp	Vapsva
Worm	Kirminas

Jazz
Džiazas

Album	Albumas
Applause	Plojimai
Artist	Menininkas
Composer	Kompozitorius
Composition	Sudėtis
Concert	Koncertas
Drums	Būgnai
Emphasis	Pabrėžimas
Famous	Garsus
Favorites	Mėgstamas
Improvisation	Improvizacija
Music	Muzika
New	Naujas
Old	Senas
Orchestra	Orkestras
Rhythm	Ritmas
Song	Daina
Style	Stilius
Talent	Talentas
Technique	Technika

Kitchen
Virtuvė

Apron	Prijuostė
Bowl	Dubuo
Chopsticks	Lazdelės
Cups	Puodeliai
Food	Maistas
Forks	Šakės
Freezer	Šaldiklis
Grill	Grilis
Jar	Stiklainis
Jug	Ąsotis
Kettle	Virdulys
Knives	Peiliai
Napkin	Servetėlė
Oven	Orkaitė
Recipe	Receptas
Refrigerator	Šaldytuvas
Spices	Prieskoniai
Sponge	Kempinė
Spoons	Šaukštai
To Eat	Valgyti

Landscapes
Kraštovaizdis

Beach	Paplūdimys
Cave	Urvas
Cliff	Uolos
Desert	Dykuma
Geyser	Geizeris
Glacier	Ledynas
Iceberg	Ledkalnis
Island	Sala
Lake	Ežeras
Mountain	Kalnas
Oasis	Oazė
Ocean	Vandenynas
Peninsula	Pusiasalis
River	Upė
Sea	Jūra
Swamp	Pelkė
Tundra	Tundra
Valley	Slėnis
Volcano	Vulkanas
Waterfall	Krioklys

Literature
Literatūra

Analogy	Analogija
Analysis	Analizė
Anecdote	Anekdotas
Author	Autorius
Biography	Biografija
Comparison	Palyginimas
Conclusion	Išvada
Description	Apibūdinimas
Dialogue	Dialogas
Fiction	Fiction
Metaphor	Metafora
Narrator	Diktorius
Novel	Romanas
Poem	Eilėraštis
Poetic	Poetinis
Rhyme	Rimas
Rhythm	Ritmas
Style	Stilius
Theme	Tema
Tragedy	Tragedija

Mammals
Žinduoliai

Bear	Turėti
Beaver	Bebras
Bull	Bulius
Cat	Katė
Coyote	Coyote
Dog	Šuo
Dolphin	Delfinas
Elephant	Dramblys
Fox	Lapė
Giraffe	Žirafa
Gorilla	Gorila
Horse	Arklys
Kangaroo	Kengūra
Lion	Liūtas
Monkey	Beždžionė
Rabbit	Triušis
Sheep	Avis
Whale	Banginis
Wolf	Vilkas
Zebra	Zebras

Math
Matematika

Angles	Kampai
Arithmetic	Aritmetika
Decimal	Dešimtainis
Diameter	Skersmens
Division	Skyrius
Equation	Lygtis
Exponent	Rodiklis
Fraction	Frakcija
Geometry	Geometrija
Numbers	Skaičiai
Parallel	Lygiagrečiai
Parallelogram	Paralelograma
Perimeter	Perimetras
Polygon	Poligonas
Radius	Spindulys
Rectangle	Stačiakampis
Square	Kvadratas
Symmetry	Simetrija
Triangle	Trikampis
Volume	Tomas

Measurements
Išmatavimai

Byte	Baitas
Centimeter	Centimetras
Decimal	Dešimtainis
Degree	Laipsnis
Depth	Gylis
Gram	G
Height	Aukštis
Inch	Colis
Kilogram	Kilogramas
Kilometer	Kilometras
Length	Ilgis
Liter	Litras
Mass	Masė
Meter	Metras
Minute	Minutė
Ounce	Uncija
Ton	T
Volume	Tomas
Weight	Svoris
Width	Plotis

Meditation
Meditacija

Acceptance	Priėmimas
Attention	Dėmesio
Awake	Pabudęs
Breathing	Kvėpavimas
Calm	Ramus
Clarity	Aiškumas
Compassion	Užuojauta
Emotions	Emocijos
Gratitude	Dėkingumas
Habits	Įpročiai
Kindness	Gerumas
Mental	Psichikos
Mind	Protas
Movement	Judėjimas
Music	Muzika
Nature	Gamta
Peace	Taika
Perspective	Perspektyva
Silence	Tyla
Thoughts	Mintys

Music
Muzika

Album	Albumas
Ballad	Baladė
Chorus	Choras
Classical	Klasikinis
Eclectic	Eklektiškas
Harmonic	Harmoninis
Harmony	Harmonija
Lyrical	Lyrinė
Melody	Melodija
Microphone	Mikrofonas
Musical	Muzikinis
Musician	Muzikantas
Opera	Opera
Poetic	Poetinis
Recording	Įrašymas
Rhythm	Ritmas
Rhythmic	Ritminis
Sing	Dainuoti
Singer	Dainininkas
Vocal	Vokalas

Musical Instruments
Muzikos Instrumentai

Banjo	Banjo
Bassoon	Fagotas
Cello	Violončelė
Clarinet	Klarnetas
Drum	Būgnas
Flute	Fleita
Gong	Gongas
Guitar	Gitara
Harmonica	Armonika
Harp	Arfa
Mandolin	Mandolina
Marimba	Marimba
Oboe	Obojus
Percussion	Mušamieji
Piano	Pianinas
Saxophone	Saksofonas
Tambourine	Tamburinas
Trombone	Trombonas
Trumpet	Trimitas
Violin	Smuikas

Mythology
Mitologija

Archetype	Archetipas
Behavior	Elgesys
Creation	Kūrimas
Creature	Padaras
Culture	Kultūra
Deities	Dievybė
Disaster	Nelaimė
Heaven	Dangus
Hero	Herojus
Immortality	Nemirtingumas
Jealousy	Pavydas
Labyrinth	Labirintas
Legend	Legenda
Lightning	Žaibas
Monster	Monstras
Mortal	Mirtinas
Revenge	Kerštas
Strength	Stiprumas
Thunder	Griaustinis
Warrior	Karys

Nature
Pobūdis

Animals	Gyvūnai
Arctic	Arktis
Beauty	Grožis
Bees	Bitės
Cliffs	Uolos
Clouds	Debesys
Desert	Dykuma
Dynamic	Dinamiškas
Erosion	Erozija
Fog	Rūkas
Foliage	Lapija
Forest	Miškas
Glacier	Ledynas
Mountains	Kalnai
Peaceful	Taikus
River	Upė
Serene	Rami
Tropical	Atogrąžų
Vital	Gyvybiškai
Wild	Laukinė

Numbers
Skaičiai

Decimal	Dešimtainis
Eight	Aštuoni
Eighteen	Aštuoniolika
Fifteen	Penkiolika
Five	Penki
Four	Keturi
Fourteen	Keturiolika
Nine	Devyni
Nineteen	Devyniolika
One	Vienas
Seven	Septyni
Seventeen	Septyniolika
Six	Šeši
Sixteen	Šešiolika
Ten	Dešimt
Thirteen	Trylika
Three	Trys
Twelve	Dvylika
Twenty	Dvidešimt
Two	Du

Nutrition
Mityba

Appetite	Apetitas
Balanced	Subalansuotas
Bitter	Karti
Calories	Kalorijų
Diet	Dieta
Digestion	Virškinimas
Edible	Valgomas
Fermentation	Fermentacija
Flavor	Skonis
Habits	Įpročiai
Health	Sveikata
Healthy	Sveikas
Liquids	Skysčiai
Proteins	Baltymai
Quality	Kokybė
Sauce	Padažas
Spices	Prieskoniai
Toxin	Toksinas
Vitamin	Vitaminas
Weight	Svoris

Ocean
Vandenynas

Algae	Dumbliai
Coral	Koralų
Crab	Krabas
Dolphin	Delfinas
Eel	Ungurys
Fish	Žuvis
Jellyfish	Medūza
Octopus	Aštuonkojis
Oyster	Austrė
Reef	Rifas
Salt	Druska
Seaweed	Jūros Dumblių
Shark	Ryklys
Shrimp	Krevetės
Sponge	Kempinė
Storm	Audra
Tides	Banga
Tuna	Tunas
Turtle	Vėžlys
Whale	Banginis

Pets
Augintiniai

Cat	Katė
Collar	Apykaklė
Cow	Karvė
Dog	Šuo
Fish	Žuvis
Food	Maistas
Goat	Ožka
Hamster	Žiurkėnas
Kitten	Kačiukas
Leash	Pavadėlis
Lizard	Driežas
Mouse	Pelė
Parrot	Papūga
Paws	Letenos
Puppy	Šuniukas
Rabbit	Triušis
Tail	Uodega
Turtle	Vėžlys
Veterinarian	Veterinaras
Water	Vanduo

Philanthropy
Filantropija

Challenges	Iššūkiai
Charity	Labdara
Children	Vaikai
Community	Bendrija
Contacts	Kontaktai
Finance	Finansai
Funds	Lėšų
Generosity	Dosnumas
Global	Pasaulinis
Goals	Tikslus
Groups	Grupės
History	Istorija
Honesty	Sąžiningumas
Humanity	Žmonija
Mission	Misija
Need	Reikia
People	Žmonės
Programs	Programos
Public	Vieša
Youth	Jaunimas

Physics
Fizika

Acceleration	Pagreitis
Atom	Atomas
Chaos	Chaosas
Chemical	Cheminis
Density	Tankis
Electron	Elektronas
Engine	Variklis
Expansion	Plėtra
Formula	Formulė
Frequency	Dažnis
Gas	Dujos
Magnetism	Magnetizmas
Mass	Masė
Mechanics	Mechanika
Molecule	Molekulė
Nuclear	Branduolinis
Particle	Dalelė
Relativity	Reliatyvumas
Universal	Universalus
Velocity	Greitis

Plants
Augalai

Bamboo	Bambukas
Bean	Pupelių
Berry	Uoga
Botany	Botanika
Bush	Krūmas
Cactus	Kaktusas
Fertilizer	Trąšos
Flora	Flora
Flower	Gėlė
Foliage	Lapija
Forest	Miškas
Garden	Sodas
Grass	Žolė
Ivy	Gebenė
Moss	Samanos
Petal	Žiedlapis
Root	Šaknis
Stem	Stiebas
Tree	Medis
Vegetation	Augmenija

Professions #1
Profesijos nr. 1

Ambassador	Ambasadorius
Astronomer	Astronomas
Attorney	Advokatas
Banker	Bankininkas
Cartographer	Kartografas
Coach	Treneris
Dancer	Šokėja
Doctor	Gydytojas
Editor	Redaktorius
Geologist	Geologas
Hunter	Medžiotojas
Jeweler	Juvelyras
Musician	Muzikantas
Nurse	Slaugytoja
Pianist	Pianistas
Plumber	Santechnikas
Psychologist	Psichologas
Sailor	Jūreivis
Tailor	Siuvėjas
Veterinarian	Veterinaras

Professions #2
Profesijos #2

Astronaut	Astronautas
Biologist	Biologas
Chemist	Chemikas
Dentist	Odontologas
Detective	Detektyvas
Engineer	Inžinierius
Farmer	Ūkininkas
Gardener	Sodininkas
Illustrator	Illustrator
Inventor	Išradėjas
Journalist	Žurnalistas
Linguist	Kalbininkas
Painter	Dažytojas
Philosopher	Filosofas
Photographer	Fotografas
Physician	Gydytojas
Pilot	Pilotas
Surgeon	Chirurgas
Teacher	Mokytojas
Zoologist	Zoologas

Psychology
Psichologija

Appointment	Paskyrimas
Assessment	Vertinimas
Behavior	Elgesys
Childhood	Vaikystė
Clinical	Klinikinis
Cognition	Pažinimas
Conflict	Konfliktas
Dreams	Svajones
Ego	Ego
Emotions	Emocijos
Ideas	Idėjos
Perception	Suvokimas
Personality	Asmenybė
Problem	Problema
Reality	Realybė
Sensation	Pojūtis
Subconscious	Pasąmonė
Therapy	Terapija
Thoughts	Mintys
Unconscious	Sąmonės

Rainforest
Atogrąžų Miškai

Amphibians	Varliagyvių
Birds	Paukščių
Botanical	Botanikos
Climate	Klimatas
Clouds	Debesys
Community	Bendrija
Diversity	Įvairovė
Indigenous	Vietinių
Insects	Vabzdžiai
Jungle	Džiunglės
Mammals	Žinduoliai
Moss	Samanos
Nature	Gamta
Preservation	Išsaugojimas
Refuge	Prieglobstis
Respect	Pagarba
Restoration	Restauravimas
Species	Rūšis
Survival	Išlikimas
Valuable	Vertingas

Restaurant #1
Restoranas nr. 1

Allergy	Alergija
Bowl	Dubuo
Bread	Duona
Cashier	Kasininkas
Chicken	Višta
Coffee	Kava
Dessert	Desertas
Food	Maistas
Ingredients	Ingridientai
Kitchen	Virtuvė
Knife	Peilis
Meat	Mėsa
Menu	Meniu
Napkin	Servetėlė
Plate	Lėkštė
Reservation	Rezervacija
Sauce	Padažas
Spicy	Aštrus
To Eat	Valgyti
Waitress	Padavėja

Restaurant #2
Restoranas Nr.2

Beverage	Gėrimas
Cake	Tortas
Chair	Kėdė
Delicious	Skanus
Dinner	Vakarienė
Eggs	Kiaušiniai
Fish	Žuvis
Fork	Šakutė
Fruit	Vaisius
Ice	Ledas
Lunch	Pietūs
Noodles	Makaronai
Salad	Salotos
Salt	Druska
Soup	Sriuba
Spices	Prieskoniai
Spoon	Šaukštas
Vegetables	Daržovės
Waiter	Padavėjas
Water	Vanduo

Science
Mokslas

Atom	Atomas
Chemical	Cheminis
Climate	Klimatas
Data	Duomenys
Evolution	Evoliucija
Experiment	Eksperimentas
Fact	Faktas
Fossil	Iškastinio
Gravity	Gravitacija
Hypothesis	Hipotezė
Laboratory	Laboratorija
Method	Metodas
Minerals	Mineralai
Molecules	Molekulės
Nature	Gamta
Organism	Organizmas
Particles	Dalelės
Physics	Fizika
Plants	Augalai
Scientist	Mokslininkas

Science Fiction
Mokslinė Fantastika

Atomic	Atominis
Books	Knyga
Chemicals	Chemikalai
Cinema	Kinas
Clones	Klonai
Dystopia	Distopija
Explosion	Sprogimas
Extreme	Ekstremalus
Fantastic	Fantastinis
Fire	Ugnis
Futuristic	Futuristinis
Galaxy	Galaktika
Illusion	Iliuzija
Mysterious	Paslaptingas
Oracle	Oracle
Planet	Planeta
Robots	Robotai
Technology	Technologija
Utopia	Utopija
World	Pasaulis

Scientific Disciplines
Mokslinės Disciplinos

Anatomy	Anatomija
Archaeology	Archeologija
Astronomy	Astronomija
Biochemistry	Biochemija
Biology	Biologija
Botany	Botanika
Chemistry	Chemija
Ecology	Ekologija
Geology	Geologija
Immunology	Imunologija
Kinesiology	Kineziologija
Linguistics	Kalbotyra
Mechanics	Mechanika
Mineralogy	Mineralogija
Neurology	Neurologija
Physiology	Fiziologija
Psychology	Psichologija
Sociology	Sociologija
Thermodynamics	Termodinamika
Zoology	Zoologija

Shapes
Formos

Arc	Lanko
Circle	Ratas
Cone	Kūgis
Corner	Kampas
Cube	Kubas
Curve	Kreivė
Cylinder	Cilindras
Edges	Kraštai
Ellipse	Elipsė
Hyperbola	Hiperbole
Line	Linija
Oval	Ovalus
Polygon	Poligonas
Prism	Prizmė
Pyramid	Piramidė
Rectangle	Stačiakampis
Side	Pusė
Sphere	Sfera
Square	Kvadratas
Triangle	Trikampis

Spices
Prieskoniai

Anise	Anyžių
Bitter	Karti
Cardamom	Kardamonas
Cinnamon	Cinamonas
Clove	Gvazdikėlis
Coriander	Kalendra
Cumin	Kmynai
Curry	Karis
Fennel	Pankolis
Flavor	Skonis
Garlic	Česnakai
Ginger	Imbieras
Licorice	Saldymedis
Onion	Svogūnas
Paprika	Paprikos
Pepper	Pipirų
Saffron	Šafranas
Salt	Druska
Sweet	Saldus
Vanilla	Vanilė

The Company
Kompanija

Business	Verslas
Creative	Kūrybinis
Decision	Sprendimas
Employment	Užimtumas
Global	Pasaulinis
Industry	Industrija
Innovative	Inovatyvi
Investment	Investicija
Possibility	Galimybė
Presentation	Pristatymas
Product	Produktas
Professional	Profesionalus
Progress	Progresas
Quality	Kokybė
Reputation	Reputacija
Resources	Ištekliai
Revenue	Pajamos
Risks	Rizika
Trends	Tendencijas
Units	Vienetų

The Media
Žiniasklaida

Attitudes	Požiūriai
Commercial	Komercinis
Communication	Komunikacija
Digital	Skaitmeninis
Edition	Leidimas
Education	Švietimas
Facts	Faktai
Funding	Finansavimas
Individual	Individualus
Industry	Industrija
Intellectual	Intelektinės
Local	Vietos
Magazines	Žurnalas
Network	Tinklas
Newspapers	Laikraščiai
Online	Prisijungęs
Opinion	Nuomonė
Photos	Nuotraukos
Public	Vieša
Radio	Radijas

Time
Laikas

Annual	Metinis
Before	Prieš
Calendar	Kalendorius
Century	Amžius
Clock	Laikrodis
Day	Diena
Decade	Dešimtmetis
Early	Anksti
Future	Ateitis
Hour	Valanda
Minute	Minutė
Month	Mėnuo
Morning	Rytas
Night	Naktis
Noon	Vidurdienis
Now	Dabar
Soon	Greitai
Today	Šiandien
Week	Savaitė
Year	Metai

Town
Miestas

Airport	Oro Uostas
Bakery	Kepykla
Bank	Bankas
Bookstore	Knygynas
Cafe	Kavinė
Cinema	Kinas
Clinic	Klinika
Florist	Floristas
Gallery	Galerija
Hotel	Viešbutis
Library	Biblioteka
Market	Rinka
Museum	Muziejus
Pharmacy	Vaistinė
Restaurant	Restoranas
School	Mokykla
Stadium	Stadionas
Store	Parduotuvė
Theater	Teatras
University	Universitetas

Universe
Visata

Asteroid	Asteroidas
Astronomer	Astronomas
Astronomy	Astronomija
Atmosphere	Atmosfera
Celestial	Dangaus
Cosmic	Kosminis
Darkness	Tamsa
Eon	Eon
Galaxy	Galaktika
Hemisphere	Pusrutulis
Horizon	Horizontas
Latitude	Platuma
Moon	Mėnulis
Orbit	Orbita
Sky	Dangus
Solar	Saulės
Solstice	Saulėgrįža
Telescope	Teleskopas
Visible	Matomas
Zodiac	Zodiakas

Vacation #2
Atostogos #2

Airport	Oro Uostas
Beach	Paplūdimys
Foreign	Užsienio
Foreigner	Užsienietis
Holiday	Atostogų
Hotel	Viešbutis
Island	Sala
Journey	Kelionė
Leisure	Laisvalaikis
Map	Žemėlapis
Mountains	Kalnai
Passport	Pasas
Reservations	Rezervavimas
Restaurant	Restoranas
Sea	Jūra
Taxi	Taksi
Tent	Palapinė
Train	Traukinys
Transportation	Gabenimas
Visa	Viza

Vegetables
Daržovės

Artichoke	Artišokas		
Broccoli	Brokoliai		
Carrot	Morka		
Celery	Salieras		
Cucumber	Agurkas		
Eggplant	Baklažanas		
Garlic	Česnakai		
Ginger	Imbieras		
Mushroom	Grybas		
Olive	Alyvuogių		
Onion	Svogūnas		
Parsley	Petražolės		
Pea	Žirnis		
Potato	Bulvė		
Pumpkin	Moliūgas		
Radish	Ridikas		
Salad	Salotos		
Spinach	Špinatai		
Tomato	Pomidoras		
Turnip	Ropė		

Visual Arts
Vaizduojamasis Menas

Architecture	Architektūra
Artist	Menininkas
Ceramics	Keramika
Chalk	Kreida
Charcoal	Anglis
Clay	Molis
Composition	Sudėtis
Creativity	Kūrybiškumas
Easel	Molbertas
Film	Filmas
Masterpiece	Šedevras
Painting	Tapyba
Pen	Rašiklis
Pencil	Pieštukas
Perspective	Perspektyva
Photograph	Fotografija
Portrait	Portretas
Sculpture	Skulptūra
Stencil	Trafaretas
Wax	Vaškas

Water
Vandens

Canal	Kanalas
Damp	Drėgnas
Drinkable	Geriamas
Evaporation	Garavimas
Flood	Potvynis
Frost	Šalta
Geyser	Geizeris
Hurricane	Uraganas
Ice	Ledas
Irrigation	Drėkinimas
Lake	Ežeras
Moisture	Drėgmė
Monsoon	Musonas
Ocean	Vandenynas
Rain	Lietus
River	Upė
Shower	Dušas
Snow	Sniegas
Steam	Garai
Waves	Bangos

Weather
Orai

Atmosphere	Atmosfera
Calm	Ramus
Climate	Klimatas
Cloud	Debesis
Drought	Sausra
Dry	Sausas
Fog	Rūkas
Hurricane	Uraganas
Ice	Ledas
Lightning	Žaibas
Monsoon	Musonas
Polar	Poliarinis
Rainbow	Vaivorykštė
Sky	Dangus
Storm	Audra
Temperature	Temperatūra
Thunder	Griaustinis
Tornado	Tornado
Tropical	Tropinis
Wind	Vėjas

Congratulations

You made it!

We hope you enjoyed this book as much as we enjoyed making it. We do our best to make high quality games.
These puzzles are designed in a clever way for you to learn actively while having fun!

Did you love them?

A Simple Request

Our books exist thanks your reviews. Could you help us by leaving one now?

Here is a short link which will take you to your order review page:

BestBooksActivity.com/Review50

MONSTER CHALLENGE!

Challenge #1

Ready for Your Bonus Game? We use them all the time but they are not so easy to find. Here are **Synonyms**!

Note 5 words you discovered in each of the Puzzles noted below (#21, #36, #76) and try to find 2 synonyms for each word.

Note 5 Words from *Puzzle 21*

Words	Synonym 1	Synonym 2

Note 5 Words from *Puzzle 36*

Words	Synonym 1	Synonym 2

Note 5 Words from *Puzzle 76*

Words	Synonym 1	Synonym 2

Challenge #2

Now that you are warmed-up, note 5 words you discovered in each Puzzle noted below (#9, #17, #25) and try to find 2 antonyms for each word.
How many lines can you do in 20 minutes?

*Note 5 Words from **Puzzle 9***

Words	Antonym 1	Antonym 2

*Note 5 Words from **Puzzle 17***

Words	Antonym 1	Antonym 2

*Note 5 Words from **Puzzle 25***

Words	Antonym 1	Antonym 2

Challenge #3

Wonderful, this monster   challenge is nothing to you!

Ready for the last one? Choose your 10 favorite words discovered in any of the Puzzles and note them below.

1.	6.
2.	7.
3.	8.
4.	9.
5.	10.

Now, using these words and within a maximum of six sentences, your challenge is to compose a text about a person, animal or place that you love!

Tip: You can use the last blank page of this book as a draft!

Your Writing:

Explore a Unique Store
Set Up **FOR YOU!**

MEGA DEALS

BestActivityBooks.com/**TheStore**

Designed for Entertainment!

Light Up Your Brain With Unique **Gift Ideas**.

Access **Surprising** And **Essential Supplies!**

CHECK OUT OUR MONTHLY SELECTION NOW!

- Expertly Crafted Products -

NOTEBOOK:

SEE YOU SOON!

Linguas Classics Team

BESTACTIVITYBOOKS.COM/FREEGAMES